U0904597

■ 教育部省部共建人文社会科学重点研究基地

“浙江工商大学现代商贸研究中心”项目（编号：09JDSM24YB）

■ 教育部省部共建基地

“经济全球化背景下基于产业链整合的流通效率升级研究”项目（编号：2009JJD7900

■ 浙江工商大学产业经济学学科项目

浙江省哲学社会科学规划课题成果

The Integration of China's Regional Economic:
An Analysis from Pan Integration

中国区域经济整合：

泛一体化视野的分析

◎程　艳 著

ZHEJIANG UNIVERSITY PRESS
浙江大学出版社

摘 要

中国最近 30 年以来的经济转型是伴随着区域经济的重构和整合推进的，这种重构和整合发生在两个大的“区域”层面：一是包含了港澳及台湾在内的所谓“大中国”经济区，整合属于不同关税区之间的经济整合，不仅涉及商品市场的整合，而且涉及货币一体化问题，区域经济整合的侧重点在于市场整合；另一是大陆内部以省域经济为代表的行政区，整合属于同一关税区、同一货币体系下不同行政区之间的经济整合，超出了狭义的市场整合的内涵，属于广义的经济整合和区域重构。本书的目的，就在于对中国独特的两种内涵不同的区域经济整合现象进行理论分析，并就一些关键性命题进行经验性实证检验。

经济理论迄今为止关于区域经济整合有两个分析框架：一个是国际经济学之“一体化经济学”；另一个是空间经济学之“新经济地理学”。本书的研究将指出，上述两种分析范式需对其适用性作出界定后才适合于对中国区域问题的研究。鉴于理论界将主权国家内部两类区域经济整合纳入统一视域的研究文献尚不多见，本书尝试性地从“泛一体化”视野将中国独特的两种类型的区域经济整合融入一个整体分析框架，通过“大中国”经济区域和大陆省际区域的融合分析，论证中国区域经济整合中的“泛一体化”现象的客观存在。

在理论研究上，本书对“大中国”区域经济整合是从国际经济学之一体化理论的贸易效应分析切入,运用相关理论解释一国两制背景下"大中国"区域经济整合机制。研究表明:启动与推进"大中国"经济区单一关税或单一市场的进程,需对四个经济体之间市场整合的贸易创造和贸易转移效应、产业内贸易和货币一体化的实施方式,以及区域经济整合的外部效应审视等作出符合实际的理论论证,这一论证可考虑以一体化经济学和博弈论作为基本分析框架并作出适当修正后来实现。本书对大陆省域经济整合是从经济地理学和新经济地理学的分析框架切入,运用其理论范式解释大陆省域经济整合机制。研究表明:大陆省域间工业集聚水平的差距是反映区域经济整合程度的重要维度,而由地理位置和历史优势所表征的区位差异是工业集聚的初始条件,规模报酬递增和正反馈效应导致集聚的自我强化,优势地区的领先发展产生了省域层面区域整合的现状,而政府政策的差异又导致这一整合趋势的路径依赖。概括而论,本书将"大中国"区域经济整合从贸易效应、产业内贸易、货币一体化等角度,作了一体化经济学范式下的适用性解说;将大陆省域经济整合从工业集聚、区位差异和政策差异等角度,作了经济地理和新经济地理范式下的适用性解说。作为"泛一体化"视野下对中国区域经济整合的审视,本书对这两种类型的区域经济整合机理作了一定程度的相关性分析。

在实证研究上,本书运用 Balassa 模型、GL 指数、真实利息平价条件分解测度了"大中国"经济区内贸易往来的福利效应、产业间一产业内贸易、经济体间的货币一体化。而对大陆省际区域经济整合,本书运用了"产业集中度一地区专业化"指标 (Krugman Indices)、面板数据的回归分析,检验了省际产业平均集中率、省际产业中心值、省际工业集聚的区位和政策因素。

实证检验揭示,在"大中国"经济区内,市场整合的贸易影响呈现出经济体间的差异性,就港澳台而言,它们与大陆间的贸易往来,不但存在着总贸易创造效应,而且获得净贸易创造,但却没有形成净贸易转移;同时,大陆与港澳台的贸易往来不存在总贸易转移及净贸易转移效应,资本密集型和技术密集型行业在"大中国"经济区的产业内贸易中占据主导地位;汇率制度的选择对"大中国"经济区的货币一体化结果有重要含义。在大陆省际层面，改革开放以来，区域经济整合（或一体化）水平正在提高，但制造业集聚的省际差异显著，从理论来说，可以认为政府基于“新古典增长经济学”收敛假说的良好愿望至今没有完全实现；从地区专业化所体现的区域经济整合的结果而论，大陆各大地区的相对专业化差距有所趋缓，省际区域经济整合呈现“俱乐部”收敛趋势；在影响省际工业集聚的区位因素中，沿海和内地的地理位置差异对工业集聚的影响程度显著，政策因素中，出口导向型的经济发展策略对于工业集聚的推动作用明显，政府对于经济活动的参与程度越高，越不利于地区工业的集聚。

基于上述分析，本书最后提出了进一步研究的方向以及政策建议，以期能够推动中国区域经济整合在“大中国”经济区和省域经济层面的进程。

关键词：区域经济；泛一体化；“大中国”经济区；省域经济

Abstract

China's economic transition is promoted with the reconstruction and integration of regional economy over the last 30 years. It happened in two regions: one is the "Greater China" economic region, which belongs to different custom territory and involves the integration of commodity market and money market; the other is the provincial economy in China's Mainland, which belongs to the same custom territory and monetary system. The purpose of this book is to analyze the unique phenomenon of regional economic integration, and test the key proposition.

There are two analysis frameworks of regional economic integration in economic theory: one is the economics of integration in international economics, the other is the new economic geography in spatial economics. This book points out that the applicability of these two analysis paradigm should be defined to study China's regional problem. In view of the fact that two kinds of regional economy integration in a sovereign country have been seldom researched, this book attempts to put forward a whole analysis frame from pan integration, analyzes the amalgamation of "Greater China" economic region and provincial economy in China's Mainland, demonstrates the objective existence of pan integration phenomenon in China's regional integration.

In theoretical study, this book uses the economics of integration in international economics to analyze the trade effects of "Greater

China" regional economic integration, and explains the integration mechanism in the background of one country two systems. The results show that we should demonstrate the trade creation and trade diversion effect, implementation manners of intra-industry trade and monetary integration, and the external effect of regional economic integration. In this process, we should modify the analysis framework of integration economics and game theory. This book analyzes the integration mechanism of provincial economy in China's Mainland in the analysis framework of economic geography and new economic geography. The results show that the industrial agglomeration gap is an important analysis dimension used to judge the degree of regional economic integration, location difference is an initial condition, increasing returns to scale and positive feedback effect cause the self-reinforcement of agglomeration, leading development of advantageous area force the present situation of provincial economy integration, and policy difference leads to path dependence of integration tendency. In general, this book explains the trade effect, intra-industry trade and monetary integration of "Greater China" regional economic integration by the use of the economics of integration paradigm, and analyzes the industrial agglomeration, location and policy difference of provincial economic integration by use of economic geography and new economic geography. From the pan integration, this book explains the mechanism of China's regional economic integration.

In empirical study, this book uses Balassa model, GL index and real interest parity to measure the trade welfare effect, inter-industry trade and intra-industry trade, and monetary integration. Towards provincial economic integration in China's Mainland, this book uses Krugman indices, regression analysis of panel data to test province industrial average concentration rate, province industrial central value, location and policy factors of province industrial agglomeration.

The empirical results show that there is market integration

difference between economic bodies. In the trade relations between Hong Kong, Macao, Taiwan and China's Mainland, there is total trade creation effect, net trade creation effect and none trade diversion effect. Meanwhile, in the trade relation between China's Mainland and Hong Kong, Macao, Taiwan, there is none total trade diversion and net trade diversion effect. Capital intensive industry and technology intensive industry play a leading role in intra-industry trade of "Greater China" economic region. It is important to choose the exchange rate regime to monetary integration in "Greater China" economic region. In provincial economy of China's Mainland, the level of regional economic integration is improving, but provincial difference of manufacturing industrial agglomeration is significant. In theoretically, this book holds that government's good wish based on the convergence hypothesis of new classical economics has not completely realized. From the view on results of regional economic integration, the region relative specialization disparity of China's Mainland is reducing, provincial region economic integration presents club-convergence trend. In location factors, the difference of coastal and inland has significant effect to industrial agglomeration. In policy factors, export leading policies have significant effect to industrial agglomeration. The higher government participates in the economic activity, the hinder is in regional industrial agglomeration.

Based on the above analysis, this book presents further research direction and corresponding policy suggestion, and expects to promote the process of China's regional economic integration in "Greater China" economic region and provincial economic region.

Keywords: regional economy; pan integration; "Greater China" economic region; provincial economy

目 录

1 导论

1.1 选题目的与意义

中国最近30年以来的经济转型是伴随着区域经济的重构和整合推进的，这种重构和整合发生在两个大的“区域”层面：一个是包括了港澳台在内的“大中国”(Greater China)经济区层面，随着香港、澳门的回归和台湾与大陆之间经贸联系的不断加强，这个层面的区域经济整合得以不断推进；另一个是大陆内部各大行政区层面，随着被计划经济一度扼杀了的区际经济之间直接联系的恢复，以及资源配置由一个颇大的中央计划系统向市场的转变，这个层面的区域经济整合呈现出显著的经济绩效。这两个层次的区域经济整合，无疑存在着差异：“大中国”经济区属于不同关税区、不同货币体系的区域经济，整合的侧重点在于市场整合；大陆内部各大行政区属于同一关税区、同一货币体系下的区域经济，这一层面的整合超出了狭义的市场整合的内涵，属于广义的经济整合与区域重构。本书的目的，就在于对中国独特的两种区域经济整合进程进行理论分析，并就一些关键性命题进行经验性实证检验。

经济理论迄今为止关于区域经济整合的研究，有两个分析范式：一个是国际经济学之“一体化经济学”；另一个是空间经济学之“新经济地理学”

(NEG)。一体化经济学的核心理论要属关税同盟理论,一般认为,Viner(1950)是这一理论的开拓者,而 Shoup(1953),Meade(1953,1955),Coóper和 Massell (1965a,1965b),Johnson(1965a,1965b),Balassa(1962),以及Corden(1972、1974)等人的学术努力,则使这一理论体系最终成型。与此同时,欧盟及其前身欧共体的区域经济整合实践,是这一理论不断拓展和检验的重要现实动力。客观地说,或许是欧盟各国的地域范围在一定程度上对市场交易赋予了特定的空间规定,局限于欧盟经济的理论研究者通常将区域经济整合的空间纬度,理解或解说为相邻国家之间的经济往来,这种经济往来不像通常的国际贸易理论所意指的那种以漂洋过海为特征的经济贸易。不过,审视一种理论从而对这种理论予以性质界定,应该以理论讨论的对象、中心问题的分析处理以及理论研究所波及的主体行为等作为考察的依据,而不应该单纯以某一理论框架来界定。从这个意义上来看问题,针对20 世纪 80 年代以来经济学以"收益递增"为分析工具来研究国际经济的学术贡献,理论界将其解说为新贸易理论和新经济地理学(NEG),是符合正在日益拓展的区域经济整合之实际的。本书的研究将指出,上述两种分析范式,需对其适用性作出界定后才适合于对中国区域问题的研究。

那么,对上述两种分析范式的适用性进行界定的理论背景是什么呢?在汗牛充栋的有关区域经济的国内外文献中,一些学者将一体化经济学中的"区域经济整合"(regional economic integration,或译为"区域经济一体化")概念及相应的实证方法引入了对中国内部区域经济整合的分析。这种分析的逻辑进路是:套用区域经济整合理论于中国大陆及港澳台之间的区域市场分析,进而在论及中国大陆各大行政区划,尤其是沿海长三角、珠三角以及京一津一唐这类发达地区的区域经济整合时,运用新经济地理理论对中国的区域经济展开解说。但问题在于,一体化经济学和新经济地理学框架下的区域经济整合理论及实证方法,是以西方发达国家或具有大体相同的政治、历史、经济、地理环境为背景的,这些理论难以将不发达国家或经济体制转轨国家纳入该理论所解说的区域经济整合模型;同时,由于模型选择的解释性变量的差异,一体化经济学和新经济地理学的区域经济整合模型也不能对政治、经济、文化错综复杂的国家的内部区域经济整合作出符合其理论逻辑的论证。因此，当我们将分析视角转向不发达或体制转轨国家，进而研究政治经济发展不平衡国家的内部区域经济整合时，有必要根据中国区域经济发展的实际对一体化经济学和新经济地理学作出某种程度的调整，以便让理论分析较为符合中国的情况。如果能在理论上梳理出一个解释大国内部独特区域经济整合的分析框架，并将国际经济学、新贸易理论、新经济地理等理论融合运用到这一体系中，无疑具有重要的理论意义。

区域经济整合的研究，通常在数据选取、分类和处理上碰到困难，主流经济理论普遍认为，来自一些较大的经济体内部的数据显得越来越重要。他们认为传统的跨国研究难以控制国家间由文化、制度、统计口径等因素而导致的数据异质性和不可比性（Atkinson and Brandolini，2001；Srinivasan and Bhagwati，1999），而一国内部数据出现异质性和不可比性的可能性相对较小。如果主流经济理论的这一观点正确，那么，对中国内部两类区域经济整合的实证研究在比较研究方面将具有推动该领域研究的积极意义。事实上，现有的关于中国区域经济整合的研究是对区域经济整合差异之影响因素的分解，因为，无论是对优惠政策、不同地区基础设施条件差异、国际直接投资，还是对民营企业的不均衡发展、偏向于东部的财政转移等分析，都只是对区域经济整合的现象形态的剖析，而不是对其激励的解读。如果我们能在实证研究中提炼出中国两类区域经济整合所蕴含的相关机制，而不是局限于检验区域经济整合的历程或现状，则建立在机制分析上的对策建议或许更具有针对性，从而对政府的宏观政策制定有不同的价值效应。

本书将尝试性地运用“泛一体化”的分析框架，力图在借鉴一体化经济学和新经济地理学研究方法的基础上，对中国现阶段区域经济整合的实际进行解说，并通过对“大中国”经济区域与大陆省际区域的融合分析，以论证中国区域经济整合中的“泛一体化”现象的客观存在。

1.2 主要研究方法

基于本选题是对中国两类区域经济的整合提出一个尝试性的分析框架和以大国数据来检验相关理论的构想，本书拟采用实证分析、规范分析、比较研究以及历史与理论相结合的分析方法。

经济研究所推崇的实证分析方法，并不仅仅是指利用计量模型来进行经验检验，更重要的是对观察到的经济现象进行洞察和解析。基于这样的理解，本研究秉承经济学经典方法论的思想，在对问题展开实证分析时，通常只涉及真实世界的某些或某个方面，并不企图通过实证分析来反映全部的真实世界。当然，这种只部分反映真实世界的分析方法或许会损害问题分析的质量，但如果本研究能通过计量模型对中国两类区域经济整合作出一些大体符合实际的实证检验，则笔者认为运用实证方法来论证"泛一体化"的区域经济整合，也许会获得部分成功。

规范分析方法要求对问题的研究能提出不同的政策选择，并能对特定政策的设计提供实证分析结论的支持。针对规范分析方法不可避免地要涉及对不同经济现象作出价值判断的情况，本研究在对中国两类区域经济整合实证检验的基础上，力图提出一些依据本研究分析结论的可供选择的政策设想，并尽可能保持中性的价值判断。

基于"泛一体化"研究的分析对象是港澳台和大陆省际区域经济整合，本研究所采用的比较研究方法，主要是通过同比、类比和异比来进行逻辑归纳和演绎。这种比较研究主要涉及两个层面：一是对国际经济学理论、新贸易理论和新经济地理理论所涉及的适合于中国两类区域经济整合的文献进行比较与归纳，以期得到一些富有启示性的研究思路；二是对相关理论论及的区域经济整合的测度指标进行比较分析，寻找适合解释中国两类区域经济场整合的具有可操作意义的实证方法。

分析中国两类区域经济整合涉及对制度演进历程的考察，这一事实要求我们采用历史分析的方法作出符合现实的解说。本研究在论及不同关税区、不同货币体系的“大中国”(Greater China)区域市场整合以及同一关税区、同一货币体系下的大陆内部的各大行政区划之间的市场整合时,对两类区域经济整合背后的宏观历史背景作出与理论相结合的回顾和提炼,以使相关的论证过程紧密围绕核心主题,力图做到历史分析与理论分析的统一。

1.3 主要内容和研究框架

本书遵循从理论分析到实证检验的研究思路,以国际经济学的一体化理论、新贸易理论和新经济地理理论中的适合解释中国区域经济整合实践的模型为依托,对中国两种类型的区域经济整合实践进行“泛一体化”视野下的研究。按照这种分析思路,本书由六个章节构成。

第一章是导论部分。简要说明选题的目的和意义、主要研究方法、文章的结构安排以及可能的创新点等内容。

第二章是文献综述。考虑到目前系统考察中国两种类型的区域经济整合的文献尚不多见,本章的文献综述是围绕“泛一体化”框架来对中国两种类型的区域经济整合而进行文献梳理的。文献综述的脉络首先是考察新古典经济学、博弈论和新贸易理论对不同关税区或国际层面的有关区域经济的理论见解;继而从工业集聚与开放和增长两种视野对同一关税区或区际层面的区域经济整合的相关理论进行回顾和评论;最后,归纳了相关理论有关区域经济整合之实证检验的论题,重点介绍了产业专业化效应和货币一体化效应的实证检验方法。基于对中国区域经济整合现实的分析需要,本章对国内相关的理论研究和实证检验作了文献整理,并对这些文献进行了评述。

第三章是“泛一体化说”的机理分析。本章在对中国区域经济整合的多层次性展开现状描述的基础上,对“大中国”经济区层次的市场整合,分别从港澳与大陆、台湾与大陆间的贸易演进作了多视角的分析,从产业集聚、区位因素和政策因素对大陆省际层次的市场整合展开探讨。本章是全文重要的理论基础部分,该部分借助于归纳图对中国区域经济整合的“泛一体化”

机理展开了系统论证,问题的论证过程也是本研究相应理论基础和实证方法的展现过程。

第四章是"大中国"经济区之于两岸四地间贸易往来效应的实证检验。本章对两岸四地贸易影响差异性所进行的检验,是试图说明在 CEPA 实施后,港澳台与大陆间的贸易在存在总贸易创造效应及获得净贸易创造的同时,没有形成净贸易转移。对两岸四地产业内贸易关系的检验表明,资本密集型和技术密集型行业在"大中国"经济区层次的产业内贸易中占据主导地位,这种情形同两岸四地资源禀赋的差异有很大的相关性。相对于澳门和台湾,无论是资本/技术密集型产业,还是劳动密集型产业,目前香港与内地构建区域经济一体化的成本较低。本章在分析上述问题的过程中,对"大中国"经济区层次的货币一体化所进行的检验,是基于平价条件之差别基础展开的,实证结果揭示,固定汇率安排对区域市场整合的影响同强一体化迹象有着相关性。

第五章是大陆省际层面区域经济整合的实证检验。本章分别从产业集聚、区位因素和政策因素来展开检验,所使用的指标有:地区的产业平均集中率和制造业中心值、Démurger(2002)模型基础上的回归系数指标。本章的实证结论显示,即使是在改革初期的计划经济时代,考察制造业的平均水平,东部沿海地区也是高于其他地区的,这纠正了"计划时代制造业平衡分布"的传统观点;同时,实证检验表明在省际层面上,地理因素在大陆省际区域市场整合中发挥显著作用,政策因素尤其是对省际区域市场整合的政策因素有着历史积淀作用。

第六章是结论、政策建议以及进一步研究的方向。本章在总结主要结论和存在理论分析不足的基础上,对问题进一步研究的方向提供了一些思路,并依据分析结论提出了政府在区域经济整合过程中如何发挥作用的几点建议。

根据本书的逻辑思路和结构安排,整体研究框架的逻辑架构和核心工作可用图 1.1 予以描述。

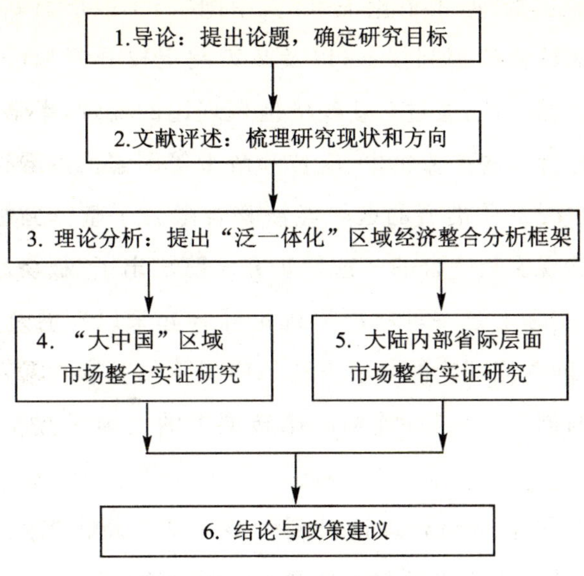

图 1.1　本书的研究思路与框架结构

1.4　可能的创新点

任何一个国家的经济运行和发展都是由区域经济构成的，不同模式的区域经济整合将会产生不同的宏观经济效应。经济理论关于区域经济运行和发展的分析和研究，在结构分析上离不开对现实中有可能存在的区域市场整合的研究，这一研究是区域经济理论的一个重要组成部分。但迄今为止，国内外经济学界以发达国家的经济实践为基础，将区域经济整合主体的空间维度界定于主权国家之间，而对中国这一主权国家内部正在形成的两种类型的区域经济整合的分析和研究，很少有文献将它们置于同一框架下来进行探讨。本书作为这方面研究的一种分析尝试，可能的创新之处主要有以下三点：

1. 已有的对区域经济整合的理论研究主要是基于以欧盟为代表的主权国家之间的现实经历。本书则是以中国这一主权国家内部为出发点，研究中国正在形成的两种类型的区域经济整合现状。具体来说，通过国际经济学之一体化理论的梳理,本书论证了“大中国”经济区层面基于不同关税区和货币区的市场整合的福利损益,以及政策制定权分配和市场整合外部性之经济主体间的相关性;通过对新经济地理理论的梳理,本书论证了大陆省际层面市场整合背后的产业集聚、区位和政策等因素的差异性。在“泛一体化”视野下,将中国两种类型的区域经济整合融合于整体分析框架的研究,是与中国经济的现实相吻合的。这种研究思路跳出了“板块分析”模式对问题研究的局限,实际上是一种将原有理论糅合起来以期通过现实的分析尝试,它可以在借助主流理论的分析方法的前提下拓宽和加深对问题的研究,它有可能存在的创新,是或许能描绘出转型中的大国区域经济整合的一般图景。

2. 已有的区域经济整合理论模型大多是基于新古典经济学的分析范式,模型中的变量主要用于解释经济整合的福利效应。本书在对国际经济学之一体化理论和新经济地理理论进行梳理的基础上,试图从博弈论和新经济地理理论视角对模型展开理论解说。具体来说,本书首次提出区域市场整合实施方式的安排,最关键的是对外贸易政策制定权限的分配,无论是大经济体主宰小经济体的跟进模式,还是成员体共同协商,都需面对非对称博弈困局。非对称的博弈能否促成一种合作博弈格局,“先行者占优”能否实现需要考虑区域市场整合的外部效应问题,而后者在很大程度上是与区域市场整合的包容性联系在一起的。除此之外,本书还对区域市场整合的贸易福利、政策制定权分配和外部性等三个演进机制之间的关系进行了相应的分析。

3. 已有的关于区域经济整合的经验检验主要集中在宏观层面的计量分析,本书则对中国两种类型的区域经济整合演进的微观机制进行了实证检验。具体来说,本书对“大中国”经济区层次市场整合的实证检验,运用了需求弹性测度、GL 指数检验、平价条件回归等方法,研究发现两岸四地的区域市场整合带来的总贸易创造或净贸易创造大于总贸易转移或净贸易转移,四个经济体间存在着很强的产业内贸易关系,固定汇率安排是与强一体化迹象联系起来的;对大陆省际层次市场整合的实证检验,运用了产业平均集中率和制造业中心值、工业产值影响因素的回归分解，研究发现，经过 20 多年的发展，省际层面的产业地区集中更加明显，地理因素尤其是地区企业数和消费者购买力对于区域经济整合发挥显著的作用，政府的对外开放政策以及政府对于经济活动的参与程度都对省际层面的经济整合产生显著影响。

本书的研究思路、角度和方法虽然未离开主流经济学的范畴，但将主流经济学的分析方法综合运用于“泛一体化”视野，并以此来检验中国区域经济整合的上述三个可能创新点可以简单地用表 1.1 来表示。

表 1.1 本书可能的创新点

	已有研究	本书的研究
研究出发点	以欧盟为代表的主权国家之间	中国这一主权国家内部
理论模型	新古典经济学的模型，解释市场整合的福利效应	博弈论和新经济地理模型，解释政策制定权限的分配和外部性
经验检验	宏观层面的计量分析	微观机制的实证检验

2 区域经济整合与"泛一体化"说:文献综述

"区域经济整合",也译为"区域市场一体化",但此概念尚未有被普遍接受的解释[①]。主流经济学家(Balassa,1962;Curson,1974;彼得·林德特和查尔斯·金德尔伯格,1985)对这一概念和内涵的基本界定[②]未曾离开相邻国家的空间维度[③],概念的如此界定,实际上是将区域经济整合理解成标准的国际经济学论题。众所周知,国际经济学的研究对象是国家之间的生产、交换和消费,于是,长期以来区域经济整合的分析边界便被局限于国际经济往来,而一国内部各种区域市场有可能存在的整合现象便被排斥于分析视野之外。几十年来,中国两种类型(或两个层次)的区域市场发展,正在呈现出相互交融、相互渗透的整合趋势。这种整合趋势在地域和内容上的反映,表

---

① 《新帕尔格雷夫经济学大辞典》的解释是:"在日常用语中,一体化被定义为把各个部分结为一个整体。在经济文献里,'经济一体化'这个术语却没有这样明确的含义。一方面,两个独立的国民经济之间,如果存在贸易关系就可认为是经济一体化;另一方面,经济一体化又指各国经济之间的完全联合。"约翰·伊特韦尔等编:《新帕尔格雷夫经济学大辞典》第2卷,经济科学出版社1992年版,第45页。

② 这些界定可概括为:区域市场整合的本质是通过成员体间生产要素的再配置过程使得两个或两个以上独立的国民经济体(国家或地区)之间联合而成的更大的经济区,在整合过程中实行"对内自由,对外保护",即内外有别的歧视性政策。

③ 需要说明的是,Robson(1989)在对区域市场整合三大特征的描述中对空间维度的解释与其他学者有所不同。这三大特征是:(1)在某种条件下,成员体之间歧视的消失;(2)维持对非成员体的歧视;(3)成员体之间在企图拥有持久的共同特性和限制经济政策工具的单边使用上有一致的结论。Robson所指的"成员体",既可以理解为国与国之间的国民经济,也可以理解为同一国家内部之不同地区之间的经济体系。假若这种理解存在合理性,我们便可以依据不同地区的经济要素及其功能来分析区域市场整合。

现为两种格局:一种是包含了港澳及台湾在内的所谓“大中国”经济区层次的市场整合,这类整合属于不同关税区、不同货币体系下的经济整合;另一是大陆内部各大行政区划之间的市场整合,尤其是省际市场整合,它属于同一关税区、同一货币体系下的经济整合。于是,“区域经济整合”(或“区域市场一体化”)这个国际经济学概念被引入了中国区域经济整合分析①,区域经济整合概念似乎有了新的内涵。

但问题在于,国与国之间的经济关系与一国内部不同地区之间的经济关系毕竟存在质的不同。当人们研究国内各大区域之间的经济往来时,究竟能不能以国与国之间区域经济整合的相关理论来解释和研究大国内部的区域经济整合呢?中国内部区域经济的多层次性和经济政治制度的多样性,能在多大程度上支持这种国际经济学理论的运用呢?如果在原则上可运用,则需要在哪些方面进行补充和修正呢?中国两种类型的区域经济整合的现实表明,不同关税区、不同货币体系的“大中国”经济区市场整合,虽然同样属于主权国家内部的整合,但它同国际经济学研究视野中的国与国之间的区域经济整合有很大区别;这种区别也反映在同一关税区、同一货币体系下的大陆内部行政区划之间基于体制、制度等因素对区域市场整合的妨碍。据笔者所掌握的文献资料,迄今为止,系统性考察中国两种类型的区域经济整合的研究文献尚不多见,本书拟用“泛一体化”说将中国两种类型的区域经济整合纳入一个统一的分析框架,并围绕这一分析框架的架构进行必要的文献评述。

2.1 不同关税区或国际层面的区域经济整合

20世纪后半期国际经济学研究的一个重要拓展,是对国家与国家之间

---

① 这种分析的一般表现是:在设想港澳台及大陆“两岸四地”之间的经济整合时套用国际经济学之“区域市场整合”概念,进而在论及中国大陆省际经济尤其是沿海长三角、珠三角以及京－津－唐这类发达地区经济整合时继续沿用这一概念。不仅如此,有学者还将国际区域市场整合实证研究的一些理论与方法引入中国国内区域市场整合分析中(赵伟,2006a)。

的区域经济整合现象展开了实证和规范分析,这便是国际经济学分支理论中著名的"一体化经济学"。一体化经济学的核心理论当属关税同盟理论,迄今已逾半个多世纪[①]。早期理论研究主要围绕两大论题展开:一是区域经济整合中关税同盟的各种效应(Viner,1950;Meade,1953、1955;Lipsey,1957),另一是区域经济整合的目标(Cooper & Massell,1965a,1965b;Johnson,1965a,1965b;Balassa,1962;Corden,1972,1974)。客观地说,这些研究对于解释影响国际贸易的产业结构、产业组织以及与此相关的区域经济的决定等问题,在理论上作出了贡献。但由于这些研究尚存在一些同现实不吻合的地方,于是理论界对这些研究并没有取得一致性的观点。20 世纪 80 年代以来,经济学的"收益递增革命"在很大程度上削弱了传统国际经济学的理论基础,新贸易理论和新经济地理学(NEG)将"一体化经济学"在三个视野下进行了拓展:区域市场整合的研究被新古典经济学视野、博弈论视野和新贸易理论视野共同关注。本节将在不同关税区层面上对这三个视野下的近期理论发展作一梳理。

2.1.1 以关税同盟为核心的新古典经济学视野

新古典经济学对区域经济整合的分析基于以下假设:完全竞争的市场、不变的规模收益和理性经济人,其分析重心在于强调非市场配置资源的效率损益及由此引发的对政府干预的福利分析。关税同盟理论,作为新古典经济学视野下区域经济整合理论的核心,被公认是随 Viner(1950)的开拓性研究而逐渐成形的[②]。之后,经过 Shoup(1953),Meade(1953,1955),Lipsey(1957),Tinbergen (1965),Cooper 和 Massell (1965a、1965b),Johnson (1965a、1965b),Balassa(1962),以及 Corden(1972,1974)等学者的工作,则

---

① 笔者这一认知,来自于美国经济学家弗里茨·马克鲁普(Fritz Machlup)在其著作 *A History of Thought on Economic Integration* 中的观点,他认为国际经济一体化理论迄今只有 60 年左右。

② 虽说同时代的 De Beers(1941)和 Byé(1950)也曾作出了重要的贡献,但学界公认 Viner(1950)的研究使得区域市场整合理论最终成型。参阅 de Beers, J. S. Tariff Aspects of a Federal Union. Quarterly Journal of Economics, Vol. 56, 1941, 49-92. Byé, M. Unions Douanieres et Données Nationales. Economie Appliquée, Vol. 3, 1950, 121-157.

使这一理论体系最终成型[①]。与此相对应，这一理论不断拓展和检验受欧盟及其前身欧共体的区域市场整合的深刻影响。

关税同盟理论是以比较优势理论为基础的,该理论在充满民族主义的同时,强调区域经济整合之贸易壁垒的重要性,认为同一关税可以将区域内的资源合理配置,从而产生贸易创造和贸易转移、贸易扩张和贸易条款、成本递减和贸易抑制等效应。

2.1.1.1 贸易创造和贸易转移效应

在涉及国际贸易问题研究的 50 多年间,Viner 提出并论证的“贸易创造”[②](trade creation)和“贸易转移”[③](trade diversion)概念,不仅为从事国际贸易理论研究的学者所接受,也为大多数政治经济学家所接受。但是,特定概念的提出和论证是一回事,人们是否接受概念的学术理念从而作为分析工具又是另一回事。在新古典经济学大量的规范分析中,政治经济学家在思考政策主张时受贸易创造和贸易转移理论的影响较小。Viner 认为关税同盟并不一定等于向自由贸易过渡[④],关税同盟只是在成员体之间实行自由贸易,对成员体以外的第三方却实行保护贸易。Viner 运用局部均衡分析方法所得出的结论是:关税同盟效应是由贸易创造所产生的收益减去贸易转移所造成的损失所取得的实际利益。

自 Viner 之后,很多学者也采取局部均衡分析方法来考察关税同盟的

---

① 这些早期的经济学家对关税同盟的讨论是他们思索更广阔问题时的偶然产物,而形成的理论也多数是隐含的(Robson,1990)。公平地说,经济思想史学者没能从 Viner 研究发表前的有关文献中挖掘出对关税同盟配置效应的适当论述(Machlup,1977)。

② 所谓“贸易创造”,即在关税同盟内部实行自由贸易后,国内成本高的产品为成员体成本低的产品所代替,原来由本国生产的,现在从成员体进口,新的贸易得到“创造”。由于从成员体进口成本低的产品代替原来成本高的产品后,该国就可以把原来的生产成本高的资源转向生产成本低的产品,从而获得利益。

③ 所谓“贸易转移”,由于关税同盟对外实行统一关税率,对第三方的歧视导致从外部进口减少,转为从成员体进口,这就产生了贸易转移。由于从原来的第三方进口成本较低的产品改为从成员体进口成本较高的产品,这会造成一定的损失。

④ 西方经济学家一般认为,自由贸易可以使全世界的经济福利达到最大化,而关税同盟至少在成员体之间取消彼此之间的贸易限制,在区域内实行自由贸易,使世界经济福利增加,因此,建立关税同盟对经济发展有利。

福利效应,如巴拉萨(Balassa, 1975)通过定量方法测算关税同盟的利益,结果发现关税同盟所带来的利益并不像预测中那么显著。在巴拉萨之前,米德(Meade, 1955)也曾指出,当关税同盟形成时,贸易创造可能很小,而贸易转移则可能会很大。这两位经济学家之所以得出类似的结论,是基于 Viner 分析方法的两个缺陷:(1)该方法未能确切地考虑到政府政策选择所存在的限制,即外部限制(国际协定:关贸总协定的限制)和内部限制;(2)该方法没有考虑到本国的政策决定会对成员体和世界其余地区可能产生的影响。

针对 Balassa 和 Meade 的质疑,Viner 进一步指出,源自贸易转移的福利成本被来自成员体的消费者所挤压,而不是被非成员体的出口商所挤压。Viner 的分析是清晰的,但由于他的假定过于简单,以至于要补充两个关键性的假定:(1)未来成员体的生产成本被假定成固定,或者说成员体的生产不受成本制约。因而生产商的"租金"(rent)和"超额利润"(excess profit)要素没有在分析中被显示。如果成本可变,一个更可能的事件将会发生:即在成员体和非成员体都有可能损失的前提下,任何同时包含贸易创造和贸易转移因素差别的贸易自由化行为,均会促进成员体的生产[①]。(2)成员体内的消费者未来需求是不变的。Viner 的分析聚焦于资源的分配变化和生产的效率,然而,他没有提及关税同盟形成致使国内价格降低时的消费者反映的需求。其实,价格下降对福利有积极影响,它会导致消费者剩余,而消费者剩余或多或少会改变贸易创造和贸易转移的效应。因此,Viner 抽象了这一假设会在一定程度上损伤理论分析价值。而关税同盟与产业结构的关系,则明显引起了 Viner 的关注,他考察了成员体之间的生产结构差异对关税同盟的福利效应,并对这一效应有可能存在的含义进行了解说,他认为成员体的生产结构越是充满竞争性(越不是互补性的),关税同盟增加福利的可能性就越大。他进一步指出,关税同盟的福利效应还取决于运输成本,如果其他条件不变,成员体间的运输成本越低,区域市场整合的收益就越大。据此,他的分析结论是:随着关税同盟中邻近成员体的加入,跨国境的贸易

① 这个结论清晰地与 Viner 曾经的结论形成对照:即在任何情况下,要么有贸易创造,要么有贸易转移,两者不能同时出现。

创造就有着较大的可能性,较之于遥远的成员体所进行的贸易转移,贸易创造更容易产生福利效应。

客观地评价 Viner 有关贸易的经济理念,他所强调的是关税的高低会影响从关税同盟中得到潜在的收益和损失。具体地说,在关税同盟成立前,对未来成员体的高关税会增加贸易创造的可能性,而在关税同盟建立后,这些未来成员体则有可能取得福利收益;另一方面,对非成员体的低关税将会减少贸易转移的机会。显然,当我们将同一国度中不同区域的经济体看成是存在着一种准关税同盟的研究对象时,Viner 关于贸易创造和贸易转移效应的学说,无疑给我们研究区域经济整合提供了某些机理。当然,至于如何提炼这些机理并加以运用,是一个值得深入研究的问题。

2.1.1.2 贸易扩张和贸易条款效应

在 Viner 第二个假定条件下,Meade(1955),Lipsey(1957)和其他学者宣称某些贸易转移将导致关税同盟的成员体受益。这些学者立论的基础是:如果成员体的地方价格(local price)下降得足够大,消费者剩余效应就能抵消生产商方面的消极的贸易转移效应。在这类问题的研究中,Meade(1955)考察了关税同盟对商品之间的替代影响,对贸易的扩张效应(trade expansion effect)提出了以下见解:高效率成员的低价产品会占领一体化市场,贸易量会大大增加以至于产生贸易扩张效应;低效率成员体加入关税同盟后,国内市场的价格降低以及通过对外贸易可以不断得到满足的供给条件会刺激国内需求,这同样会产生贸易扩张效应。Meade 进一步指出,正如一个特定商品在不同供给来源之间的替代一样(生产效应),在商品间的替代(消费效应)中,贸易创造在使福利增加的同时,也会使贸易转移的福利减少[①]。由此可见,经济学家继 Viner 的研究进一步深化了对关税同盟下的贸易问题的研究。

Lipsey 和 Lancaster(1956,1957)则注意到,生产效应和消费效应(通常

---

① Meade 的这一思想可理解为:生产效应与消费效应的分离并不意味着这两者之间没有相互作用。供给来源间的替代会通过消费者付出的价格的变化影响消费格局。同样,商品间的替代会通过生产者所接受的价格的变化而改变生产格局。

的关税同盟理论)应被视为次优理论的特例[①]。Lipsey(1960)认为,关税同盟的福利效应取决于关税同盟建立之前成员体内生产的商品与从非成员体进口的商品,在成员体消费的相对重要性。假使其余情况相同,成员体内商品所占的份额越大而从非成员体进口的商品的份额越小,建立同盟后福利增加的可能性越大[②]。以上理论见解的逻辑推论是:应用扩大关税同盟可以增加生产资源重新配置的可能性,收益大小与参与成员体的市场规模的增加是正相关的关系(例如,小成员体将比大成员体从参加关税同盟取得更多的收益)。

依据 Lipsey 和 Lancaster 的理论,如果从成员体的市场规模来考察关税同盟的贸易扩张效应,那么,我们便可从参与成员体的数量来理解关税同盟的福利分配。显然,这涉及贸易条款效应问题,Kemp 和 Wan(1969,1976),Amdt(1997)等人曾专门对此作过详细分析。无独有偶,Amdt 提出了一个包括 3—4 个国家的一般均衡分析模型,这种模型试图证明如果关税同盟所包含的成员体数目足够大,那么关税同盟会改善其成员体的贸易条件。实际上,Kemp 和 Wan 曾证明过组成关税同盟后的非成员体的福利不会受损以及成员体福利将会改善的情形。这一证明的理论基调是,关税同盟通过与世界其他成员体的贸易条款的改进,有可能实现成员体重新分配世界收入的目的。我们从以上的理论分析可以看出,关税同盟框架对那些不能独自影响贸易条款的小成员体特别可取,小成员体一旦加入关税同盟就可以做它独自不能做的事情。

2.1.1.3 成本递减和贸易抑止效应

关税同盟的贸易创造和贸易转移效应、贸易扩张和贸易条款效应都是静态地描述关税同盟对成员体的福利损益,即它们仅仅涉及资源的再配置:一些产业扩张,另一些产业收缩,由此导致某些产品价格下降,消费者因此

---

① 假定满足了帕累托最优的一般条件,自由贸易就会导致资源的有效配置;而同盟前及同盟后的贸易都是次优的,因为在这两种情况下关税都还存在。

② 这些论点与 Tinbergen(1957)的结论相一致:关税同盟的扩大将增加有利的福利效应的可能性,在某些场合,关税同盟囊括增个世界,这等于是自由贸易。

受益;除此之外,这些研究与组成关税同盟之前的研究并没有太大的区别。20世纪60年代,两篇影响巨大的专业论文(Cooper & Massell, 1965a; Johnson, 1965a)从一个全新的视角逼近区域经济整合的动态论题。Cooper和Massell(1965a,1965b),Johnson(1965a,1965b),以及Balassa(1967)等人考察了关税同盟对诸如经济规模、生产经营效率提高以及闲置资源利用等的动态效果,他们立论的基础主要在于结成关税同盟的各个成员体的市场存在着不完全竞争的情形。倘若存在这种情形,就会出现两种可能性:竞争可能激化;未曾实现的规模经济可能成为现实①。

然而,关税同盟的动态效应,就其本质而言是模糊不清的,因而很难加以度量,只是动态效应比静态效果更加重要。Corden(1972,1974)就此分析了关税同盟、自由贸易区的内部经济——规模经济。根据Viner和Meade的分析,低效率成员体在区域经济整合后可以获得贸易创造效应和贸易扩张效应两种利益,高效率成员体只获得贸易扩张效应。Corden认为,高效率的成员体从区域经济整合中获得的利益远不止这些。除了一般的贸易创造和贸易转移效应,高效率的成员体还能获得一正一负补充效应,即成本递减效应(cost reduction effect)和贸易抑止效应(trade suppression effect)。区域经济整合后,高效率成员体的低成本的产品占领了整个或大半个区域市场,大大增加的贸易量和生产量会使边际成本递减,从而获得成本递减效应。

值得一提的是,Corden也强调并不是在任何情况下低成本成员体在区域经济整合后都能获得成本递减,它要取决于成员体参与区域经济整合之前的生产状况。如果区域经济整合之前,高效率成员体在某种产品的生产效率低于世界上最高效率,区域经济整合后,有可能会停止进口,从而转向使用相对低效的生产来满足整个区域市场的需求。在这种情况下,成本递减效应会被所谓的贸易抑制效应所抵消,即原本自己不生产的高效率成员体会因为本国较贵的生产代替了从较便宜的同盟外成员体进口产品而遭受

---

① Balassa(1962)指出,成员国之间的政策差异会影响贸易量的大小和生产要素的流动,从而改变区域市场整合的福利效应,产业政策、社会政策、财政政策、货币政策和汇率政策都是如此。

福利损失。

随着规模经济被越来越多地纳入区域整合市场的动态分析,衡量关税同盟配置下的利率的标准扩散至贸易创造和贸易转移效应、贸易扩张和贸易条款效应,以及成本递减和贸易抑制效应。经济学家将这些效应糅合于区域经济整合的动态分析,是规模经济催化经济学家深入思考的结果。当这些研究关联到政策问题时,其分析视野便进一步得到了拓宽。

2.1.2 以政策制定权分配为角度的博弈论视野

20 世纪 50 年代发展起来的博弈论是研究各个主体之间发生相互作用的决策行为以及这种决策的均衡问题。博弈论受西方主流经济学青睐的原因主要有两个:一是该理论扬弃了传统微观经济学完全竞争和完全信息的抽象假设;二是该理论的最大原则和最小原则对新古典的最大化假设有内在契合,从而使得数学语言和经济学含义的融通成为易事。Grubel 和 Lloyd (1975)较早在博弈论视野下考察区域经济整合现象,他们分析了欧共体内不同成员体间产品双向贸易的缘由,发现相关产业内的专业化是由于欧共体在特别生产链上的生产者集聚,以及成员体享有整个欧共体市场的特殊商标(the particular brand)产生的准垄断(quasi-monopoly)模式。基于这样的观点,Grubel 和 Lloyd 反对以 Hecksher-Ohlin 模型为标志的产业间贸易理论(theory of inter-industry trade)。

Helpman 和 Krugman(1985),Smith 和 Venables(1988),Helpman 和 Krugman(1989),Gasiorek(1991)等学者在 Grubel 和 Lloyd 的研究基础上将博弈论引入关税同盟的效应分析。他们的研究发现:在收益递减情形下,"先行者占优"(first mover advantages)法则难以成立,政府面对的诱惑是通过干涉经济以达到期望的生产和面对冲突的先占进入(pre-empt the entry),也就是所谓的战略性贸易政策(Krugman, ed. ,1986)。但在收益递增情形下,如果"先行者占优"法则强烈,内部"越轨"式的抢先行为便较多,于是,区域经济整合不仅可能导致成员体与非成员体之间的贸易政策冲突,而且可能导致成员体经济之间的贸易政策摩擦,除非成员体之间的博弈具有合作博弈的特征。

但现实表明,在规模经济条件下,区域经济整合可能导致的,不仅是成员体与非成员体间日趋矛盾的关系,而且也有可能导致成员体间更加频繁的摩擦。现实对理论研究的要求是,对不同关税区成员体间区域经济整合问题的研究,不能再局限于古典的分析框架。如果说合作博弈表征的是区域经济整合时为避免成员体经济之间贸易政策摩擦的策略选择的话,则非合作博弈表征的则是区域经济整合时政策制定权分配的经济学学理。这种对区域经济整合的政策制定权选择的探讨,称为“内生一体化理论”,该理论主要是围绕区域经济整合的最佳共同关税的确定、同盟之非合作博弈等论题展开的。Gatsios 和 Karp(1991)针对上述问题的研究具有一定的开拓性。他们提出了一体化(或关税同盟)成员体政策之非合作博弈模型。该模型的基本分析构架如下:假设 A、B 两成员体建立关税同盟,同时对外关税制定权由某一成员体执掌,那么在制定共同对外关税时,政策制定者(A 成员体或 B 成员体)必须将非同盟成员体的反应考虑进去,即政策制定者的行为是策略性的。假设成员体间的关税为 t,成员体与世界其他非成员体间的关税分别为 T,则同盟内的成员体福利为 $W_i(t,T)(i=A+B)$,而世界其他非成员体的福利为 $W^*(t,T)$。

如果成员 i 为同盟决策者,那么它在制定共同对外关税时,对应于某一给定的 T,会选择一个使本国福利最大的共同对外关税,该关税是世界其他非成员体关税 T 的函数,可表示为 $t_i(T)$,称为反应函数。如果两个成员体比较相似但不完全相同,则它们的反应函数会比较接近但不会完全相同。同理,世界其他非成员体的反应函数可表示为 $T(t)$。如图 2.1 所示,A、B 是两个均衡点,A 点是当 A 成员体为政策制定者时的均衡状态,B 点是当 B 成员体为政策制定者时的均衡状态。曲线 W_1 表示通过 A 点的、福利水平为 W_1 的 A 成员体的等福利曲线(曲线与横轴越接近,所代表的福利水平越高)。t_1,t_2 与 T_1,T_2 是最佳关税水平。此外,从图 2.1 中还可以发现,对于 A 成员体来说,当 B 成员体是政策制定者时,其福利会更高(通过 B 点的 A 成员体等福利曲线位于 W_1 的下方),因此它宁愿把同盟政策的制定权给予

B 成员体。

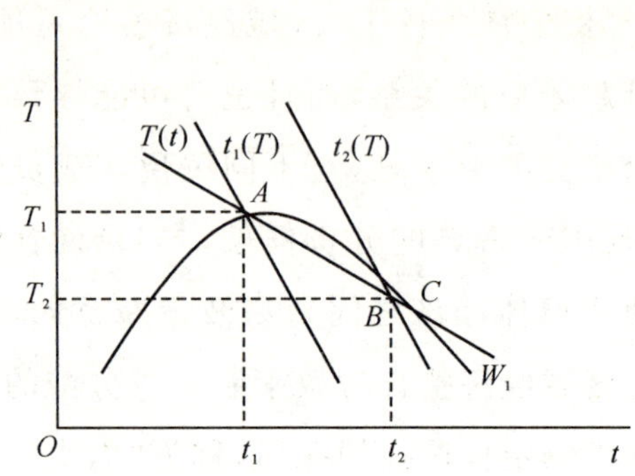

图 2.1　关税同盟的非合作博弈模型

资料来源:Gatsios, K., Karp, L. Delegation Games In Customs Unions. Review of Economic Studies, 1991, 58:391-397.

这个模型的基本结论是:关税同盟的最佳共同政策选择不仅取决于作为整体同盟与世界其他非成员体的策略互动,而且还取决于同盟内成员体间关于对外贸易政策制定权的分配。联系区域经济整合来看,这个模型有可能给区域经济整合的分析提供一些有价值的思想启迪。

2.1.3　以规模经济为特征的新贸易理论视野

20 世纪 70 年代末 80 年代初,随着经济学分析方法和工具的改进,以 Krugman 为代表的一些经济学家突破以往完全竞争的分析框架,将产业组织理论和市场结构理论承接到贸易理论中来解释现代国际贸易现象。他们通过引入规模经济、不完全竞争、多样性偏好以及产品的异质性等理论范畴,建立了一系列具有开创性的模型,合理地解释了要素禀赋相似的国家(或经济体)间的相互贸易,以及产业内贸易急剧上升等新的国际贸易现象,从而宣告了"新贸易理论"(new trade theory)的诞生。新贸易理论对不同关税区层面的区域经济整合研究涉及成员体和非成员体间的贸易互动,以及由此所引致的福利损益,即区域经济整合的外部性问题。

外部性实际上就是区域经济整合行为对不属于这种整合的其他类型世界贸易的影响,外部性导致了"区域主义"和"多边主义"的论争,争论的焦点问题是区域经济整合对全球多边贸易体制及全球贸易自由化进程的影响[①]。客观地分析,如果一个地区的区域经济整合的制度安排在改善其成员体福利的同时,又不至于降低世界其他非成员体的福利,那就是一种帕累托改进式的,那么这样的区域经济整合与多边主义就是一致的;反之就是背道而驰的。保罗·克鲁格曼(Krugman, 1991,1993)对区域经济整合的这种外部性研究具有开拓性。

克鲁格曼模型的基本框架如下:假设世界上有 N 个无差异的经济实体,分属 B 个贸易组织(显然 $B<N$)。当 $B=N$ 时,每个经济体都是一个贸易组织,即没有区域市场整合发生,随着 B 的减少,区域市场整合组织增加;当 $B=1$ 时,所有经济体加入一个经济组织,即实现世界经济的一体化。各组织内部取消贸易壁垒,而对外维持共同的关税壁垒,共同关税的选择遵循组织福利最大化原则。为简便起见,假设每个经济体专业化于某种产品生产,且与其他经济体的产品不完全替代,所有经济的需求偏好均相同,且效用函数如下:

$$U=\left[\sum_{i=1}^{N}C_i^{\theta}\right]^{\frac{1}{\theta}},0<\theta<1 \tag{2.1}$$

此处,C_i 表示第 i 产品的消费量,该产品的替代弹性为 $\sigma=1/(1-\theta)$。通过调整,式(2.1)可写为:

$$U=\{B/[(1+t)^{\sigma}+B-1]\}[1-B^{-1}(1+t)^{\sigma\theta}]^{\frac{1}{\theta}} \tag{2.2}$$

由于关税是 B 的函数,由式(2.2)可得到的最佳关税 T 和组织出口份额 S 分别为:

$$T=I/[(1-S)(\sigma-1)] \tag{2.3}$$

$$S=1/[(1+t)^{\sigma}+B-1] \tag{2.4}$$

由式(2.3)和式(2.4)推出关税及福利何以受 B 值的影响:共同关税水平与 B 的数量呈负相关关系,即随着 B 的增加而下降。而当 $B=1$ 时,即全

① 巴格瓦蒂(Bhagwati, 1991)挑明了这一问题:“区域性的市场整合安排是迈向多边化的奠基石还是绊脚石?”参阅:Bhagwati, J. The Theory of Political Economy, Economic Policy, and Foreign Investment. In Political Economy and International Economics. Cambridge University Press, 1991, 153-167.

球实现自由贸易时,世界福利最大。由此可以推论,区域经济整合对于世界福利的影响,大体上可分为两个时段:第一个阶段,即区域经济整合初期,区域经济整合的安排会导致世界福利减少。原因在于,虽然少数经济体之间实现了区域贸易自由化,但并未减弱世界整体的贸易保护程度。不仅如此,区域经济整合的贸易转移效应相对明显,因此导致世界总福利水平下降。而随着 B 持续下降,世界福利趋于减少。第二个阶段,即当区域经济整合发展程度超过某个临界点后,世界福利趋于增加。原因在于,这时多数经济体参与了区域经济整合组织,由此不断降低着全球贸易保护程度,促进着贸易自由化进程。虽然随着 B 下降而共同最佳关税上升导致贸易转移效应增大,但与贸易创造效应相比则越来越弱,由此导致世界福利不断增加。而当所有经济体都加入了一个一体化组织时,即 $B=1$ 时,也就实现了全球贸易的自由化安排,世界福利将达到最大。

就此,克鲁格曼这一简单模型得出的结论为:区域经济整合对成员体和非成员体乃至世界福利的影响,与区域经济整合中的成员体数量之间存在某种联系。也就是说,成员体的数量是区域经济整合策略选择时不能忽视的重要问题之一。

2.2 同一关税区或区际层面的区域经济整合

国际经济学界在关注不同关税区区域经济整合的同时,在近年来的增长研究中,时常触及地理和制度在国家内部(同一关税区)经济中的作用这一论题,但迄今没有取得一致性的意见。分歧产生的原因,在于传统的经济增长模型并不能令人满意地解释国家内部区域差距的扩大,也就是“发散”现象。例如,在现实经济中为什么会出现大量的经济集聚现象,为什么地区间的经济发展差距如此之大,等等。这些问题都是与经济活动的空间维度有关的,都涉及经济地理问题,但新古典经济学恰恰缺少空间维度。而最近10年发展起来的新经济地理学在解释产业集聚与地区间差距方面获得了巨大的成就,这也为分析同一关税区内的区域经济整合提供了全新的思路。

2.2.1 产业集聚与区域经济整合之视点

新经济地理学与传统的增长理论最重要的区别在于其引入了规模递增假说,从理论上讨论了规模报酬递增和正反馈效应如何导致集聚的自我强化。新经济地理学认为,地理位置和历史优势是产业集聚的初始条件,规模报酬递增和正反馈效应导致了集聚的自我强化,使得优势地区保持领先①。该理论的核心思想是:即使两个地区在自然条件方面非常接近,也可能由于一些偶然的因素(例如历史事件或具有偶然性的政策调整)便导致产业开始在其中一个地方集聚,由于经济力量的收益递增作用,在地区间交易成本没有达到足以分割市场的条件下,就可能导致产业的集聚,由此改变区域经济整合的未来走势。

Avinash Dixit 和 Joseph Stiglitz(1977)对工业较易产生集聚的三个原因进行了解释:(1)工业产品的差异性决定了产品的多样性。其差异性大小由产品间的替代弹性 σ 表示,σ 越小,则产品差异性越大,工业产品的种类数越多。(2)工业垄断竞争市场结构规定了规模报酬递增是在单个厂商水平层次上发生的。这一内生的厂商水平的规模报酬递增特性决定了某一工业产品的生产只能由一家垄断厂商或少数厂商来完成,因为随着单个厂商规模的扩大,产品的平均成本和售价降低,直至厂商经济利润为零和打败其他竞争对手为止。(3)工业产品种类与劳动力的高相关性。一个地区内工业产品的种类数与既定地区内的工业劳动力数量成正比,而工业种类数恰恰是一个地区市场规模效应的表现,因此市场规模效应与地区内工业从业人员数量有紧密的联系。

新经济地理学另一个重要的假定是任何工业产品跨地区销售都具有运输成本。这里的运输成本是广义的,它既包括看得见的运输网络形成的有

① 这种分析范式突破了传统经济地理学所认为的工业集聚路径依赖,即不同区域之间经济地理因素的差异,由此解释了传统经济地理学所不能解释的两个重要经济现象:第一,一些在纯自然条件方面并不一定非常有优势的地方却成为了工业集聚的中心;第二,两个自然条件方面非常接近的地方却可能在工业集聚上有非常不同的表现。

形运输成本,也包括地方保护引起的贸易壁垒等因素。对有形运输成本的进一步理解可分为两个层面:(1)由交通运输条件决定的交通费用被视为影响工业集聚的最为重要的影响因素。只要交通费用不至于高到成为地区间贸易的天然障碍,那么由工业集聚产生的收益就仍然可能超过由于地区间贸易产生的成本损耗,集聚就会产生,并且在收益递增的作用下自我强化(Krugman,1991)。从直观上看,工业之间有上下游联系的产业,如果集聚在一起,则能减少中间投入品的在途损耗、缩小运输成本,从而降低中间投入品的价格,由此导致厂商有内在的冲动集聚在同一区域内共同分工协作,这种产生集聚效应的力量可称作"价格效应"或"工业前向联系"。(2)工业集聚会引致各专业化分工的工人也集聚在同一区域内,工人的名义、实际工资均高于其他非产业集聚区。非产业集聚区的劳动力受产业集聚区的高工资诱惑,也向产业集聚区内迁移,这一引起产业集聚的力量被称为"市场规模效应"或"工业后向联系"。工业后向联系使新进入的边际工业厂商总是选择市场规模效应大的地区进行投资。因此从理论上讲,工业集聚背后的两种力量分别是"工业的前向联系"和"工业的后向联系"。

不过,关于地方保护引起的无形贸易壁垒和地区专业化的研究,现有文献涉及较少,还没有系统的、特别是实证方面的研究[①]。究其缘由,一方面是源于数据缺乏引致的国际范围比较研究的滞后;另一方面是因为在很多国家,地区保护主义并不是一个影响因素。例如美国,地区间贸易壁垒是受到政府管制的。实际情况是,不论是经济发达国家还是发展中国家,都存在保护地方行业的动机。这是由于地方政府依赖来自地方行业的税收,他们同样也关心地方的就业情况;另则,在许多发达国家,地方保护直接关系到选票,而在转轨经济国家则关系到社会稳定(Bai, 1i, Tao and Wang, 2001)。为了保证税收基础和确保地方就业率,地方政府可以构建各种贸易壁垒以保护地方行业免于外部的竞争。这与国际贸易中的保护主义相似,但区别在于,国家间的国际贸易在保证畅通的地区间贸易时要容易一些,这是由于

① 沈立人和戴园晨(1990)提到了地方保护主义和产业结构趋同之间的关系,但没有进行实证分析。

国家政府对地方政府有控制权。如在美国,联邦法律禁止各州之间的关税,这极大促进了跨地区商品和服务的贸易,从而促进了行业生产的地区专业化。

新经济地理在上述报酬递增和运输成本两个重要假定基础上得出结论:工业厂商总是选择最接近大市场空间的某一点进行制成品生产,当许多厂商都有相同的决策时,“空间外部性”或称“产业集聚的正外部性”就被创造出来了。在这种情况下,由运输成本引起的产业集聚的向心力,会导致一个具有初步工业优势的地区通过累积循环机制使得这一优势逐渐放大和巩固,直到别的地区工业逐渐消失,这时产业分布就呈现出“工业中心一农业外围”格局。于是,伴随着运输成本的降低,区域经济整合的工业集聚现象发生,地区差距扩大,极化效应开始显现。

随着地区间的市场整合的进一步提高,极化效应弱化,扩散效应开始显现。工业集聚到一定程度后产生的诸如非贸易品价格居高不下、环境污染等拥挤成本,往往超过了引向集聚的向心力,部分技术含量低、劳动密集型产业将不得不率先从原工业中心向周边地区转移,而原工业中心可能会衰落,或者发展成为技术或资本密集型产业中心,或者纯粹成为技术创新或贸易、金融服务等中心。因此,可以想象此时地区之间实现了产业梯度转移和分工协作。如果将地区间市场一体化水平推进到一个极致的情况,即达到完全一体化的理想状况,上述思想可借助图 2.2 予以概括。

假设一国存在资源禀赋完全相同的两个地区,同时又没有发生国际贸易,则有三种区域市场整合的态势:(1)在地区间一体化水平很低的情况下,两地区没有贸易往来且生产处自给自足状况,地区产业平均集中率相等($v_1=v_2$),地区间的产业结构没有差异,地区间专业化指数为 0。(2)当一体化水平从低水平向中级水平推进时,由于历史的偶然因素使得某一地区的工业具有初步优势,通过累积循环机制,最终出现两地区的“工业中心一农业外围”的产业布局。在这一过程中,地区 1 逐渐成为工业中心(v_1 逐渐趋向于 1),而地区 2 的工业逐步被掏空和边缘化(v_2 逐渐趋向于 0),地区 1 的产业平均集中率上升,衡量地区间的产业结构差异水平的地区专业化指数

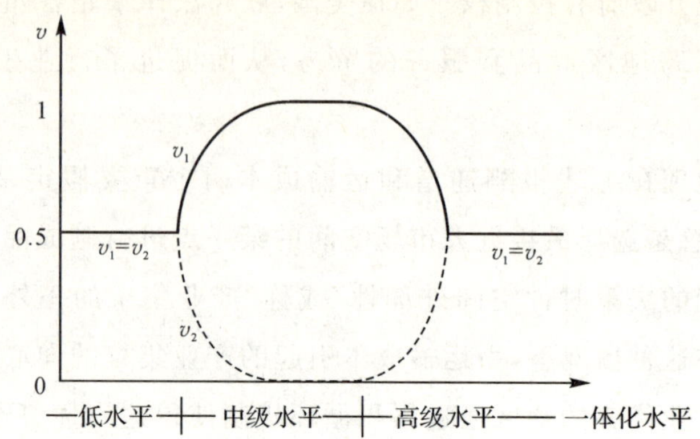

图 2.2　区域经济整合增强对产业集聚的影响

资料来源:范剑勇.市场一体化、地区专业化与产业集聚趋势——兼谈对地区差距的影响.中国社会科学,2004,6:39－51.

上升。(3)当地区间一体化水平从中级水平向高级水平推进时,原工业中心将出现产业的外移,原农业外围地区接受了转移过来的产业,开始实现工业化起飞并与原工业中心实现有效的产业分工协作。此时,地区 1 的产业集中率、地区专业化水平都有所下降,地区专业化生产的内容取决于地区间的要素价格差异。如果两个地区原先资源禀赋相同,则两地区的工业平均集中率重新趋于相等($v_1=v_2$)。

上述新经济地理学对区域经济整合过程中的工业集聚机理的解释,虽然不是针对同一个国家内部的状况而言的,但它为描述和分解同一关税区内不同区域差距提供了一个分析思路。对这一问题的进一步深入理解,涉及对外开放、经济增长和区域市场整合的相关性分析。本书有关市场整合以及与此相关的“泛一体化”解说,在很大程度上受新经济地理理论的启迪。

2.2.2 开放、增长与区域经济整合之视点

同一关税区内的区域经济整合在面对共同关税区外的市场时,不可避免地会涉及对外开放问题,以及由此促使的区域间经济增长差异和市场整合的重构。Krugman 和 Elizondo(1996),Fujita, Krugman 和 Venables

(1999)等较为系统地分析了对外开放过程中的贸易、经济集聚与地区间经济增长差距之间的关系。他们的研究揭示,一国内部区域间的经济增长差距将随着国际贸易的开展而逐渐缩小,其理由是:在相对封闭的经济中(如实现进口替代政策的国家),出于节省运输成本的目的,国内企业倾向于在中心地区组织生产活动,并最终在循环累积效应的引导下出现企业、人口和经济活动在中心地区集聚的现象。对外开放以及实现自由贸易后,厂商可以利用国外的中间投入品和最终需求,这种情况会导致厂商在中心地区集聚积极性的降低,从而使一国内部区域间的经济增长差距趋于下降。

作为对上述理论解释的前期经验检验,Ades 和 Glaeser(1994)对 Krugman 和 Livas(1992)有关对外贸易与地区经济集聚负相关的假说进行了实证检验。他们对 85 个国家 1970、1975、1980、1985 年的横截面数据进行最小二乘回归后发现,贸易依存度与该国最大城市的规模负相关,贸易依存度每上升 10%,主要城市的规模下降 6%;而贸易壁垒(用进口关税率表示)往往会扩大中心城市的规模,进口关税率每提高 1%,中心城市的规模提高约 3%。从统计上看,对外贸易有利于缩小经济增长差距。但需说明的是,Ades 和 Glaeser 对贸易与经济集聚之间的因果关系表示怀疑,认为有可能是经济集聚导致了较低的贸易水平,而不是较低的贸易水平将导致经济集聚。

泰勒(Taylor,1996)从经济史的角度探讨了美国区域经济增长差距的长期趋势,并勾勒出了每个阶段区域经济增长收敛与发散的特征及最终市场整合的态势。泰勒将美国区域经济增长差距划分为四个阶段:19 世纪中期的发散阶段、1890—1913 年间的收敛阶段、内战期间的发散阶段以及 1950 年后的快速收敛阶段。他在分析 1950 年以后的美国区域经济增长快速收敛阶段时,特别强调对外贸易对于 1950 年后美国区域经济差距快速缩小和市场重新整合的重要性。

Pernia 和 Quising(2003)以菲律宾为研究对象,利用菲律宾 14 个地区 5 个 3 年(1988—2000)的面板数据,对区域经济增长指标、对外贸易指标、贫困指标和社会指标采用三段最小二乘回归法(three-stage least squares method)进行实证分析,研究结论显示,对外贸易确实有利于地区经济增长,出口贸易依存度每提高10%,区域人均GDP将增加0.44%,通过经济增长,贫困化得以降低。但是实证研究同时也发现,对外贸易本身并不能带来区域经济的平衡增长,也就是说,对外贸易与区域经济差距并没有直接关系,并不能降低地区经济差距。

与上述研究所蕴含的对外开放将促使同一关税区内区域经济增长差距缩小的理论基调不同的是,Neven 和 Gouyette(1995),Fagerberg 和 Verspagen(1996),以及 Magrini(1999)认为情况可能正好相反。他们通过实证研究揭示,20世纪八九十年代,在实行更加开放的经济贸易政策后,欧盟国家间人均GDP差距逐渐缩小,可是各个国家内部地区间的经济差距却不断扩大。Giannetti(2002)构建了一个模型对此进行解释:对外贸易和贸易媒介的国际间技术溢出能带来国家间的经济趋同,但是由于一国内部不同区域专业化分工不同,从国际技术溢出中的受益也不同,高技术产业从国际技术溢出中受益颇丰,而传统产业受益较少,因而,对外贸易可能加剧国内地区间经济差距。随后,Giannetti利用欧洲国家1980—1992年的相关数据进行实证研究进一步证明了上述观点。核密度图和分阶段的截面数据回归分析表明,在专业化生产高新技术产业的地区子样本中,生产力差距较大的地区增长速度也较快,即出现了经济增长趋同;而在专业化生产传统产业的地区子样本中不存在趋同。

Hanson(1997)的研究也得出了类似的结论。他用1930—1988年的相关数据,考察了对外贸易对墨西哥区域经济增长差距的影响。实证研究揭示,对外贸易政策在区域经济整合格局中扮演了重要的角色,对外开放有利于经济活动的空间分散。但是,Hanson认为对外贸易虽然减少了经济活动的空间集聚,但是并不意味着向经济的平衡发展转变,对外贸易使得经济活动向接近外国市场的边境地区集中,这造成了新的地区差别,尽管并没有那么极端。

胡大鹏(Hu,Dapeng,2002)对改革开放后中国的对外贸易和沿海、内地间的经济差距进行了分析。胡大鹏模型考察的是一个包括三个特定地区的世界经济:地区1(沿海)、地区2(内地)和地区0(世界其他地区)。地区1和地区2在资源禀赋、偏好和技术方面是相同的,地区0被简化为一个进口一出口市场。每个地区都有三种生产要素:可耕地、低技术劳动和高技术劳动。每个地区的可耕地和低技术劳动相等,仅有高技术劳动可以在地区间流动。这些要素被用于四个部门:农业、乡镇企业、服务部门和制造业部门。每个地区都被分为农村和城市,农业和乡镇企业仅分布在农村,服务业和制造业分布在城市。不存在要素的国际流动,但存在冰山型运输成本,农民向城市的迁移受到限制。通过数值模拟的方法,胡大鹏证明了贸易自由化增加导致经济向沿海地区(地区1)的集聚程度增加,于是地区间的收入差别也同时增加,即:对外开放(对外贸易成本降低)→制造业在沿海地区集聚→沿海和内陆地区经济增长差距扩大(人均收入差距扩大)。

显然,国内学者有关中国改革开放后各地区经济差异的分析,实际上是在同一制度安排下对资源要素的配置如何导致经济差异的研究,这些研究受新经济地理学影响的痕迹十分明显,并且明显涉及区域经济整合问题。

2.3 区域经济整合:代表性经验检验

2.3.1 实证检验的主要论题

经济理论史的演进逻辑告诉我们,无论是不同关税区还是同一关税区的区域经济整合,其理论的发展在很大程度上是与区域经济整合的现实推进联系在一起的。以欧盟为首的主权国家间的经济整合,无疑成为不同关税区区域经济整合的范例,其成功推进的过程及经验为相关的实证研究提供了丰富的素材。另一方面,同一关税区范围内的区域经济整合实证研究也伴随着新贸易理论和新经济地理理论的发展日益成熟。欧盟关税区和同一关税区的实践及其催生的理论,给笔者构想“泛一体化”的分析框架提供了材料。区域经济整合的实证检验可归纳为三个主要论题:

2.3.1.1 区域经济整合与成员体经济增长的绩效检验

早在20世纪70年代初期,Balassa(1971)等学者已开始研究贸易一体化与增长的关系。在之后的20年里,大量的研究表明,区域经济整合带来的出口增长、出口水平提高与GNP增长具有高度的相关性[①]。90年代的大多数研究大都着眼于贸易一体化对全要素生产率的作用,Barro等人(Barro and Sala-I-Martin, 1992; Dollar, 1992; Edwards, 1992; Beason and Weinstein,1996)揭示了贸易保护与经济增长或劳动生产率增长之间的关系,他们的结论是,采用典型贸易保护政策的国家,其经济增长显得较慢。Luis A. Rivera和Paul M. Romer(1990)的分析进一步证明了相近经济体间的区域经济整合能导致一个持久的世界经济增长。Rivera-Batiz和Romer(1991a, 1991b)还专门建立模型探讨了发达国家的区域经济整合与经济增长的关系,其结论是:不同经济体间的商品贸易只是具有水平效应,只有知识的流动才具有增长效应[②]。Lawrence(1993)的研究则发现,美国的进口竞争贸易策略刺激了全要素生产率的提高。上述文献说明,如果区域经济整合时的贸易保护趋向降低,充其量也就是不影响劳动生产率和产出的增长。

最经常引用的有关区域经济整合与外向型经济增长影响的调查是由Sachs和Warner(1995)作出的。他们构造了一个20世纪80年代外向度的指标,用来说明当平均关税水平超过40%,平均非关税壁垒超过40%,汇率的黑市溢价超过20%,或存在国家对主要出口商品的垄断(或者国家的经济体系是社会主义),该外向度显示为1。其经济学含义是,在控制了其他的影响增长的变量之后,一个价值为1的向自由化转变的潜在收益大体相等于每年2.45%的经济增长率。Sachs和Warner进一步指出,由于黑市的汇率溢价,2.45%的增长率总的来说对贸易政策的变化所产生的效应是高估的。

---

① 详细考察可参见Edwards(1992)的文献。

② 在Rivera-Batiz和Romer的模型中,研究发展部门的技术分成两种:只使用人力资本的技术和使用人力资本、非技能劳动、资本品的实验室技术。应该说所谓"实验室技术"更符合现实世界里的情形。模型中的技术都被假定是内生的,目的在于强调知识在国际间的外部效应和生产的规模报酬递增。

Edwards(1998)以贸易政策的组合来测量贸易开放度,估算后认为,通过贸易政策的变化提高贸易数量的10%,则可以提高经济每年增长率0.7个百分点。当样本转为单纯的发展中国家时,这一数字上升到0.85个百分点,这说明发展中国家从区域经济整合的贸易自由化中的潜在获益要更大。

Romain Wacziarg 和 Karen Horn Welch(2003)回顾了区域经济整合与成员体经济增长关系的经验主义迹象。他们引进了一个针对代表性国家的20世纪90年代的贸易自由化数据,扩展了 Sachs 和 Warner(1995)关于90年代贸易开放与经济增长关系的研究,指出 Sachs 和 Warner 的检验方法对所考虑的时期较为敏感,但在这之前,贸易政策作为公开指示器并不被人们关注,更没有将其纳入经济增长的研究。Sachs 和 Warner 将新的经济增长、物质资本投资和围绕贸易自由化情节开放的时间路径等作为分析变量,这种分析视角使人们认识到:区域经济整合导致的贸易自由化对成员体的经济增长、开放和投资率有强劲的积极影响。

2.3.1.2 欧盟、北美自由贸易区和亚洲区域主义的市场整合案例的研究

由于欧盟是区域经济一体化最典型的代表,学术界对其成员国和地区的比较研究相对较多。Krugman(1990)从产业地方化、中心一外围结构变迁和区域长期增长差异三个角度对欧洲一体化进程给予了实证研究。他得出的结论是:如果消除所有阻碍欧盟内部贸易、资本流动和劳动力迁移的障碍,欧盟最终就会成为一个像美国那样一体化的经济区。Krugman 和 Venables(1993)的研究进一步揭示,欧盟产业集聚的生产中心与美国硅谷产业集聚的差别是正式贸易和非正式贸易壁垒的结果,而欧盟的这种壁垒已经将欧洲市场分割开来。Pinelopi Koujianou Goldberg 和 Frank Verboven(2001)对上述分割从价格层面予以检验,研究发现欧盟一体化进程影响跨越国界的价格离散。Acemoglu, Aghion, Griffith 和 Zilibotti (2004)通过使用英国制造部门的数据对这种价格离散的决定因素进行了调查,他们发现下游(生产商)产业与上游(供应商)产业间的联系更加趋向于垂直一体化,而垂直一体化在投资刺激方面存在着潜在成本和收益。

与欧盟相比,北美自由贸易区所产生的常规经济福利是有限的。Brown

等(1992),Klein 和 Salvatore(1995)选择了一些宏观经济变量来评估北美自由贸易协定时发现,美国加入北美自由贸易区后,按照 1987 年的价格计算,2003 年的 GDP 将增加 428 亿美元,即比没有加入北美自由贸易区的情况下增加 0.64%。这些结果与其他实证研究(Brown et al.,1992;美国国际贸易委员会 USITC,1993;Hufbauer and Schott,1993)的估计结果大致相同。之后,Hanson(1996)调查了美国和墨西哥经济一体化现象的部署问题,而 Hanson(1998)的实证研究揭示,经济一体化对加拿大和美国的产业选址的影响已经比较弱。与上述关注区域经济整合贸易效应不同的是,Barry Eichengreen 和 Alan M. Tayor(2003)研究了自由贸易将如何影响货币政策和汇率区的选择时发现,如果汇率变动的不稳定性很平淡,那么通货膨胀目标将更多地被广泛采纳,双边汇率不稳定性有递减趋势。

亚洲区域主义有两种值得关注的市场整合方式:一是东盟自由贸易区;二是组建更加庞大的亚洲集团。对东盟自由贸易区的研究(Imada, 1990)表明,全面贯彻东盟自由贸易区协议的结果,是有比较优势的更高程度的专业化分工,以及表现为贸易创造和贸易转移的内部贸易的增加,但贸易流量的变化将不会很大。被 Drysdale 和 Gamaut(1994)称为"开放的区域主义"的新现象,则表现为自由加入、自决理解和非歧视。近 30 年来,亚洲的区域主义运动难得成为焦点,在其他地区国家都在着手进行自由贸易区、关税同盟和共同市场的试验时,亚洲国家的确不积极。因此,难怪所有对东盟运作进行的实证研究(Langhammer,1991;Imada,1993)都得出同样的结论,即它对东盟内部贸易没有显著影响。

2.3.1.3 区域经济整合的测度指标构建

现有的文献区分了区域经济整合对成员体或地区的两种趋同趋势,这两种趋势被称为 σ 趋同和 β 趋同。σ 趋同是测定国家或地区的人均 GDP 差距随时间而缩小,在实际计算时,一般使用人均 GDP 对数的标准差,即:

$$\sigma = [\sum (X_i - \overline{X})^2 / n]^{1/2} \tag{2.5}$$

式中,n 表示地区数;X_i 表示第 i 个地区人均 GDP 的对数值;$i=1,2,3,$

…,n。β趋同,它测定的是人均 GDP 趋同的速度,以便说明比较贫困地区的增长速度到底在多大程度上超过富裕地区的增长速度,Barro 和 X-Sala-Martin(1991, 1992a, 1992b)设计了下述检验绝对β收敛的方程:

$$\frac{1}{T-t}\cdot\log\left(\frac{y_{iT}}{y_{it}}\right)=B-\frac{1-e^{-\beta(T-t)}}{T-t}\cdot\log y_{it}+u_{it} \tag{2.6}$$

式中,i 代表经济单元;t 和 T 代表期初与期末时间;$T-t$ 为观察期时间长度;y_{it} 和 y_{iT} 分别代表期初与期末的人均产出;B 为常数项;μ_{it} 为误差;β 为收敛速率,表示 y_{it} 稳态趋同的速度。β 值越大,则向稳态趋同的速度越快;如果 β 值大于 0,表示地区经济增长趋于趋同;如果 β 值小于 0,则表示地区经济增长趋于趋异。Barro 和 X-Sala-Martin(1991)的实证研究表明,1950—1985 年,12 个欧盟国家的人均 GDP 呈现出以 2%的年增长率速度稳步趋向于一致(β趋同)。这个趋同速度与美国各州一级其他地区的情况惊人地相似。Armstrong(1996)完成的一项研究采用了 Barro 和 X-Sala-Martin 提出的典型的拟合分析模型,调查了 12 个欧盟国家以及其他地区在内的区域增长问题,结论是:趋同是必然的,但确是有条件的,趋同速度大约为 1%。Barro,X-Sala-Martin 和 Armstrong 的上述两项研究得出了同样的结论:区域的增长速度与初始人均 GDP 呈现负相关关系,也就是说原来比较贫困的区域的增长速度比原来比较富裕的区域的增长快。Chatterji(1992)将这一结果称为“弱”趋同。

Knetter 和 Slaughter(1999)介绍了一些新的建立在价格和数量数据基础上的测量产品市场一体化的方法。Geert Bekaert,Campbell R. Harvey 和 Angela Ng(2003)的研究开始将两要素模型与随时间变化的 β 联系在一起,后者提供了多方面的不同市场间市场一体化的程度。Thomas Hertel, David Hummels, Maros Ivanic 和 Roman Keeney(2004)认为广泛地运用于自由贸易协定(FTAs)的可计算一般均衡模型(CGE)经常被批评缺乏计量经济学的基础,因而他们改进了关键参数的计量估计与参数在 CGE 的分析使用之间的联系,以期更好地评估一个针对美国的 FTA 的可能结果①。他们的结论是,有很大的潜在可能将计量工作与建立在 CGE 基础上的政策分析结合在一起。

区域经济整合的实证检验经常提及以上三个论题,如果从"泛一体化"的角度来理解这些论题,可以考虑从区域产业化效应和货币一体化效应展开实证检验。而对这两种效应的分析,则有可能使"泛一体化"构想与现有的研究成果结合起来。

2.3.2 对区域产业集聚效应的检验

区域经济整合通过促进区域间的专业分工加快整个地区间的专业化进程,由此提高资源配置的效率,这便涉及对集聚效应的测度。经济学者们试图建立一套简单的指标体系,用以测度区域经济整合对所涉及的地区产业专业化程度的影响。比较简明且操作性强的指标体系有三个,它们分别为"产业集中度一地区专业化"指标 (Krugman Indices)、赫芬达尔-赫希曼指数 (Herfindahl-Hirshman Indices)、EG 指标。

2.3.2.1 产业集中度一地区专业化指标

产业集中度一地区专业化指标由克鲁格曼模型(Krugman Model, 1991)引出,又称为地区间的产业结构差异程度指标,其基本构架如下:

$$K_i = \sum_k \mid s_i^k - \bar{s}_i^k \mid, \qquad \text{其中 } \bar{s}_i^k = \frac{\sum_{j \neq i} E_i^k}{\sum_k \sum_{j \neq i} E_i^k} \tag{2.7}$$

$$K_{ij} = \sum_k \mid s_i^k - s_j^k \mid \tag{2.8}$$

式中,i, j, k 分别表示地区 i、地区 j 和产业 k;E_i^k 为地区产业 k 的从业人数;s_i^k 等于 $\dfrac{E_i^k}{\sum_k E_I^k}$,为各行业在地区 i 的专业化指数。式(2.7)为地区相对

① 他们的计量工作聚焦在对从不同国家进口的替代弹性的估计,尤其是对 FTAs 的实证和规范结果的评估进行评论,为接下来的政策试验匹配了计量数据,然后以参数值(来自计量估计)的分布为例,产生一个模型结果分布,从这个分布能构造一个置信区间(confidence intervals)。

专业化指数（即 Krugman Indices,1991）,即某一地区各行业的专业化系数与全国其余地区相应行业的专业化系数差的绝对值之和,测度的是第 i 地区与其他地区平均水平的产业结构差异程度,或称第 i 地区的专业化程度。式(2.8)是地区间的专业化指数,它直接衡量的是两个地区间产业结构的差异程度,范围为 0～2,数值越大代表两地区的产业结构差异越强。地区相对专业化指数与地区间专业化指数分别从纵向和横向两个角度描述了地区间的产业结构差异程度。

Brülhart(1996),Amiti(1998)和 Midelfart-Knarvik 等(2000)运用地区专业化一产业集中度指标对区域整合前后的欧盟各国的专业化水平、36 个工业行业的空间集中度以及整个制造业的集聚状况进行了较为系统的考察,这种考察在一定程度上证实了新经济地理学模型所蕴含的规模经济、垄断竞争对地区专业化和产业集聚影响的结论。Kim(1995)用该指数对美国地区产业集聚的研究、Elisabet(2004)对西班牙地区产业集聚的研究等,也在一定程度上证明了区域经济整合使各地区的经济专业化水平有所上升的推进作用。

显然,产业集中度一地区专业化指标过于简便,它的缺陷是没有考虑到企业的规模差异(Ellison and Glaeser,1997)。研究者发现,使用该指标来比较不同产业的聚集程度时,会由于各产业企业规模或地理区域大小的差异而造成跨产业比较上的误差;同时,该指标也没有考虑到具体的产业组织及区域差异,它在表示产业聚集程度时往往含有虚假成分,以至于不能区分聚集是来自于产业结构还是来自于自然优势和溢出所引致的地理集中。

2.3.2.2 赫芬达尔-赫希曼指数

赫芬达尔-赫希曼指数(Herfindahl-Hirshman Indices,简写 HHI),这一由来已久的指数被广泛应用于测度各种经济现象的集中度。它用于测度区域产业集中度的 HHI 体系构建如下(Midelfart-Knarvik et al.,2000):

$$s_{ij}^{s}=\frac{X_{ij}}{\sum_{i=1}^{I}X_{ij}},\quad s_{ij}^{c}=\frac{X_{ij}}{\sum_{j=1}^{J}X_{ij}},\quad s_{i}=\frac{\sum_{j=1}^{J}X_{ij}}{\sum_{i=1}^{I}\sum_{j=1}^{J}X_{ij}},\quad s_{j}=\frac{\sum_{i=1}^{I}X_{ij}}{\sum_{i=1}^{I}\sum_{j=1}^{J}X_{ij}} \tag{2.9}$$

式中,X_{ij} 为第 j 地区或国家的第 i 产业就业数量或产值增加值;s_{ij}^{s} 为第 i 产业在第 j 地区所占的份额,该指标也衡量了第 j 地区专业于第 i 产业的水平;同理,s_{ij}^{c} 第 i 产业在第 j 地区所占的份额,即衡量了第 j 地区的第 iI 产业在全部地区的集中水平。s_i 为所有第 i 产业的产值或就业数量占全部产业的份额,它在产业层次上衡量了所有地区专业于第 i 产业的水平;s_j 为第 j 个地区的全部产业产值或就业占所有地区全部产值或就业的份额,它在地区层次上衡量了地区制造业的集中情况。按照上述思想可以进一步得出如下公式:

$$SR_j = \sum_{i=1}^{I} \frac{s_{ij}^{s}}{s_i}, CR_i = \sum_{j=1}^{J} \frac{s_{ij}^{c}}{s_j} \tag{2.10}$$

式中,SR_j,CR_i 分别为第 j 地区的专业化水平和第 i 产业的空间集中度。加总处理后,可以得出:

$$SUM - AD_j^{s} = \sum_{i=1}^{I} | s_{ij}^{s} - s_i |, SUM - AD_i^{c} = \sum_{j=1}^{J} | s_{ij}^{c} - s_j | \tag{2.11}$$

式中,$SUM-AD_j^{s}$,$SUM-AD_i^{c}$ 分别为第 j 个地区综合专业化指数和第 i 产业的综合集聚指数,这两个指标是相对指标。结合基尼系数的经济学含义,可推出如下指标:

$$GINI_j^{s} = 0.5\sum_{i=1}^{I}(ES_{ij} + ES_{i-1,j})\frac{s_{ij}^{s}}{s_i} - 0.5$$

$$GINI_i^{c} = 0.5\sum_{j=1}^{J}(ES_{ij} + ES_{i,j-1})\frac{s_{ij}^{c}}{s_j} - 0.5 \tag{2.12}$$

式中,$GINI_j^{s}$,$GINI_i^{c}$ 分别为第 j 地区的专业化基尼系数和第 i 产业集聚的基尼系数。ES_{ij} 为 s^{s},s^{c} 的累积份额。至此,地区专业化、产业集中度的测算以及相关的离散指标有了相应的计算公式。

Henderson(1997)利用面板数据模型估计了美国资本品产业的动态外部性,利用赫芬达尔指数对产业多样化进行了测度,并将赫芬达尔指数滞后项加入模型进行了回归,发现多样化作用在论文所用的样本中可以持续 7 年。Naudé 和 Krugell(2003)利用赫芬达尔指数的倒数作为城市化经济(多样化经济)的度量计算了南非 19 个城市的该指数,得出扩散只与开放城市规模和低的交通运输成本有关的结论。Cecile Batisse 和 Sandra Poncet (2004)利用中国 29 个省的 30 个工业产业 1988—1997 年的数据,探讨了产业专门化、产业多样化、竞争度和一省发展初始水平等因素对经济增长的作用,其结论为,产业外部工业环境和产业内的竞争度有利于产业的增长,但产业专门化的影响为负。

作为空间集中的测度指标,赫芬达尔指数存在着自身的缺点:一是不能说明区域之间的关系,尤其是空间联系和相互依赖;二是只能度量绝对集中度而不能度量相对集中度,要比较不同产业间的聚集程度,用赫芬达尔指数进行的比较会得出失真的结果。因为,根据定义,某些产业中的少数企业会被认为是聚集产业。

2.3.2.3 EG 指数

Ellison 和 Glaeser (1997)通过建立利润最大化的区位选择模型,分别建立了自然优势和产业内溢出效应模型,并依据模型得出总溢出系数,构造出产业聚集测度的条件期望,从而推导出满足 logit 模型的溢出系数。这是因为,如果任何 M 地理区域的某一产业的就业人数所占份额是 $s_1, s_2, \cdots, s_M$,那么该区域全部产业就业人数占全国就业人数的份额便是 $x_1, x_2, \cdots, x_M$。据此,可以构造一个产业地理集中度的测度指数:

$$G = \sum_i (s_i - x_i)^2 \tag{2.13}$$

如果产业企业规模分布的赫芬达尔指数是 $H = \sum_{j=1}^{N} Z_j^2$,则一个产业的地理集中度为:

$$r = \frac{G - (1 - \sum_i x_i^2) H}{(1 - \sum_i x_i^2)(1 - H)} \tag{2.14}$$

显然,当 $r > 0.05$ 时便被视为产业高度集中,当 $r < 0.02$ 时便被视为产业不存在地理集中。

为了将这种方法推广到一般,以考察对任一产业或对一组产业的集聚程度,在这方面,Ellison 和 Glaeser 对建立一个有 N 个企业且每一个企业都

属于 r 个产业来选择区位的模型进行了研究。在这一模型中,N_j 表示在第 j 个产业中企业的数量;ω_j 表示第 j 个产业就业在总的 r 个产业就业中的份额;H_i 表示第 j 产业中企业的赫芬达尔指数;H 表示一组产业的赫芬达尔指数。同时,出于对建立产业集聚程度模型的需要,他们修正了离差选择模型,因而,在一个有 r 个产业的区位选择模型中,平均利润水平的分布和溢出指标变量$\{u_{ki}\}$对第 k 个企业区位是否位于 i 地区的满足条件是:

$$E(u_{ki})=x_i \tag{2.15}$$

$$corr(u_{ki},u_{li})=\begin{cases} r_j \\ r_0 \end{cases} \tag{2.16}$$

r_j 为企业 k 和 i 都属于产业 j;r_0 为其他的情况。$G=\sum_i(s_i-x_i)^2$。这里,s_i 是地区 i 在 r 个产业总就业中的份额;$H=\sum_j\omega_j^2$ 是在 r 个产业总的赫芬达尔指数,因此

$$E(G)=(1-\sum_i x_i^2)[H+\gamma_0(1-\sum_{j=1}^{r}\omega_j^2)+\sum_{j=1}^{r}\gamma_j\omega_j^2(1-H)] \tag{2.17}$$

这一数值给出了在一个产业中考虑到两种因素的聚集程度的期望。在每个产业组中企业的聚集趋势是由参数 r_j 来捕捉的(对于第 j 个产业),它反映了自然优势和溢出效应的影响。r_0 捕捉了在一个产业中的企业与其他产业的企业相邻的趋势,$r_0=0$ 反映了在一组产业中存在溢出或共享自然优势。在极端情况下,当 $r_0=r_1=\cdots=r_r$ 时产业间平均利润水平是完全相关的。溢出是产业分组专业化而非一个产业内部的专业化。例如,一个纯粹的溢出模型符合以下条件:如果每个工厂属于产业 j,则每对工厂间有一个重要的溢出的概率为 r_j。如果它们属于不同的产业,则为这种溢出概率 r_0(假设 $r_0\leqslant \min r_j$),用 r^c 定义集群里产业共同集群的程度:

$$r^c=\frac{\left[\dfrac{G}{1-\sum_i x_i^2}\right]-H-\sum_{j=1}^{r}\hat{r}_j\omega_j^2(1-H_j)}{1-\sum_{j=1}^{r}\omega_j^2} \tag{2.18}$$

式中,$\hat{r}_j$ 是计算的第 j 个产业集中指数值;r^c 是参数 r_0 的一个无偏估计。在考虑到企业规模分布的变化和数据集中水平方面,它与 r 有同样良好的特点。$r^c=0$表示与同一产业中企业定位接近别的企业的趋势相比,一个集群里企业没有更多的集聚。在讨论溢出/自然优势的范围时,一般定义 一个衡量溢出度的指数 λ,发现它对再次衡量下一次测度很有用。$\lambda=\dfrac{r^c}{\sum_j \omega_j \hat{r}_j}$,$\lambda=0$ 表示在产业群内发现的任何溢出/自然优势是完全属于特定产业的;$\lambda=1$ 表示在所有的产业中,任何有利于工厂的溢出和自然优势是完全相关的。

Ellison 和 Glaeser(1997)用该指数对美国制作业的集聚水平进行了测算,结果发现许多产业集聚水平较弱,这与以前的研究结论并不相同。Rosenthal 和 Strange(2001)用 EG 指数对美国四位数制作业即集聚经济的微观基础代理变量(知识溢出、劳动力池、投入共享)进行了回归,发现劳动力池在各个地理层面对集聚都有较强的正向作用,知识溢出只在区水平的测度中对集聚具有正向作用。Barrios 和 Strobl(2004)在对欧盟 15 个成员国 1972—1995 年的集聚变动分析时,采用 EG 指数作为集聚的测度,应用 Dumais, Ellison 和 Glaeser 的方法作为集聚变动分析工具,发现集聚水平变化的原因主要是由于产业移动而非历史偶然事件的结果。Sjoberg 和 Sjoholm(2004)基于主流集聚学和集聚地理学的争论,以印尼 1980—1996 年制造业的空间集聚情况为分析样本,用 EG 指数研究了自由贸易对空间集聚的作用。他们研究发现,国际贸易的扩张壮大了现存的产业中心,导致了地区不平等的加剧。

国内学者罗勇、曹丽莉(2005)运用 EG 指数对中国 20 个制造业 1993—2003 年的集聚程度进行了测度,分别从时间维度、行业维度和地区维度对制造业的集聚给予了实证解说,但没有对产业集聚的变动因素进行分析。值得一提的是,Maurel 和 Sedillot(1999)在肯定了 Ellison 和 Glaeser 关于企业在区位决定时相互依赖的观点的同时,对 EG 模型进行了略微的改造,并利用 1993 年法国 54 个两区产业和 273 个四区产业的数据,对产业聚集进行了测度,两者的区别是在原始集中度上。Ellison 和 Glaeser(1997)所定义 r_{EG} 和 Maurel 和 Sedillot 所定义 r_A 的表达式分别如下:

$$G_{EG}=\frac{\sum_i (s_i-x_i)^2}{1-\sum_i x_i^2} \qquad \hat{r}_{EG}=\frac{G_{EG}-H}{1-H} \tag{2.19}$$

$$G_A=\frac{\sum_i S_i^2-\sum_i x_i^2}{1-\sum_i x_i^2} \qquad r_A=\frac{G_A-H}{1-H} \tag{2.20}$$

Maurel 和 Sedillot 用该模型方法和原始的 EG 方法进行了计算,比较发现:尽管两者的估计都是无偏的,但 r_A(聚集程度指数)要比 r_{EG} 更准确,因为它直接来自于概率模型。

Ellison 和 Glaeser 建立的 EG 指数充分考虑了企业规模及区域差异带来的影响,使我们能够进行跨产业、跨时间,甚至跨国的比较。他们的方法比 Krugman 等人的方法有了改进和完善。其缺陷主要在于:(1)出于使计算简化的考虑,该指数的设计在测度产业积聚程度时有意识地把企业分配到国家、地区或州(空间单元在给定的总合水平),这意味着放弃了大量的信息导致许多总合问题的出现,研究不同的空间规模需要总合水平不同。(2)很难比较基于不同规模的结果。例如,关于有多少产业在国家水平上是地域化的(在控制了区域水平的地域化后)这一问题不能准确地回答,因为现有的指数在不同的总合水平不具有可加性。(3)许多现存的空间单元是根据行政区域而不是经济相关性来定义的。而这些单元通常在人口和规模方面是有差别的,以至于现存的聚集趋向于混淆不同的空间规模①。(4)任一空间水平聚集的企业会导致在所有聚集变量之间的虚假相关性。所选择的总合水平越高这个问题就越严重。这个问题被定量地理学家(Kendall,1953;Cressie,1993)认识到,被称为 MAUP(可更改的地区单元问题)。(5)在聚集发生后,空间单元被同样对待,当处理行政区边界上的地域化产业

---

① 例如,在美国州水平的产业地域化分析涉及 Rhode Island 和 California 的比较,而前者在地理面积上是后者的 150 倍。

时,这样做就造成了偏误。所分析的空间单元越小,这个问题就越严重。例如,在英国纺织机械制造业是高度地域化的,但在东部和中西部地区的边界把聚集经济分开。较好地域化经济的测度必须避免这些总合的问题,也就是说应该在连续的空间直接使用这些被观察单元间的距离去研究而不是在行政单元内研究产业聚集。

2.3.3 对区域货币一体化效应的检验

在“泛一体化”框架内探讨货币一体化涉及两个层面的问题:一是不同关税区的区域货币一体化,即国际经济学范畴内的不同国家间的货币市场整合;二是同一关税区的区域货币一体化。以中国情况为例,这种区域货币一体化的货币市场整合范围,是中国大陆、香港、澳门和台湾之间的主权国家内的货币市场整合。本节对后一层面的货币一体化的效应检验所涉及的文献给予整理和述评。

针对国际经济学范畴内的货币一体化问题的研究,Mundell(1961)最早对相邻国家(区域)货币一体化的合理性或“最优货币区”等问题的分析,曾引发过经济学家对以下几方面问题的探讨:(1)要素流动说。Mundell 认为,相邻区域劳动和资本的自由流动,是组成单一货币区的基础。单一货币可提高微观效率(如消除交易成本),抵御外部冲击和维护宏观经济的稳定。(2)经济开放度说。Mckinnon(1963)认为,贸易关系密切的经济体组成一个货币区,有利于实现内外部经济的均衡和价格的稳定。(3)产品多样化说。Kenen(1969)认为,在产品多样化程度高的国家之间更适合实行固定汇率制,组成共同货币区。(4)Ishiyama(1969)所提出的金融市场一体化说。此说以金融市场高度一体化作为确定最优货币区的标准。(5)通货膨胀相似性说,由 Harberler(1970)和 Fleming(1971)先后提出。他们分别提出以通货膨胀的相似性作为确定最优货币区的标准,认为如果货币区内各国通货膨胀率趋于一致,就可以避免汇率的波动。(6)Krugman 提出的货币效率收益一经济稳定性损失说,即克鲁格曼的“GG-LL”模型。Krugman(1990)认为,当一国因加入货币区,消除货币兑换费用而带来的货币效率收益(GG)

大于因加入货币区丧失货币政策的独立性而导致的经济稳定性损失(LL 代表)时,就适宜加入货币区。如果进一步考虑加入货币区这一货币制度变迁的机会成本,比较独立发行货币的净收益与加入货币区的净收益,当后者大于前者时,就宜于组成货币区。

同一关税区的区域货币一体化问题的研究,学术界多以中国"两岸四地"为分析案例。Harding (1993)使用了"大中国"(Greater China)这一术语来描述中国大陆、香港和台湾之间的联系,随后 Naughton (1997,1999)普及了"中国圈"(China Circle)这一称法。张向前和黄种杰(2003)通过将"大中国"经济区与亚洲其他地区比较分析后指出,两岸四地出于更高经济相关性的事实,更容易达到最优货币区的标准。朱孟楠和陈硕(2004)则从构建统一货币区的区域战略角度,就未来"中元区"在稳定金融市场、减少交易成本、增强国际竞争力等方面探讨了几个层面的可行性途径。万志宏和戴金平(2004)鉴于香港、台湾与内地尚存在巨大的经济差距这一事实,认为香港、台湾与内地进行货币合作成本较高。黄晓东(2006)基于 Bayoumi 和 Eichengreen(1996)提出的最优货币区(OCA)指数对"大中国经济区"的货币合作成本进行了测度后得出结论,2005 年与 1993 年相比,两岸四地的货币合作成本有所下降。

上述学者虽从不同角度对"大中国"经济区的货币一体化展开论述并且得出各自的结论,但有一点是有共识的,即"大中国经济区"组成了世界经济中最有活力的区域之一,由于两岸四地并不是统一的市场,到目前为止,大陆与香港、台湾的联系是否超过大陆与世界其他主要经济体的联系,尚没有明确的分析,Yin-Wong Cheung, Menzie D. Chinn 和 Eiji Fujii(2003a, 2006)评估了中国大陆、香港和台湾之间的联系,并将这种联系同日本、美国作了比较。他们测度货币一体化的理论模型是建立在平价条件基础上的,基本思路是:

建立在"事后"(ex post)差别基础上可操作的等式:

$$r_{t,k}-r_{t,k}^{*}\equiv(i_{t,k}-i_{t,k}^{*}-\Delta s_{t,k})-(\pi_{t,k}-\pi_{t,k}^{*}-\Delta s_{t,k}) \tag{2.21}$$

这里,$r_{t,k}$代表第一经济体在 k 期的真实利息率,它通过 $i_{t,k}$(k 期的名义利息率)和 $\pi_{t,k}$(k 期的通货膨胀率)的差来表示;$\Delta s_{t,k}$ 代表贬值率($\Delta s_{t,k} = s_{t,k} - s_t$,$s_t$ 是两个经济体间以对数形式表达的汇率);“ * ”表明是第二个经济体。式(2.21)等号左边的条件作为合理的真实利息平价的差别,等号右边两项作为合理的公开利息平价和相对购买力平价的差别,等式意味着维持真实利息平价的充分条件在于公开利息平价和相对购买力平价条件的维持。公开利息平价属于在货币市场和外汇市场驱动下的金融一体化,相对购买力平价属于如何容易地让商品和服务市场套期的真实一体化。因此,真实利息平价是金融一体化和真实市场一体化两者共同的函数(Frankel,1991)。

作为对上述平价条件的稳态测试,可供计算的公式为:

$$(1-L)q_t^{\tau} = \alpha_0 q_{t-1}^{\tau} + \sum_{k-1}^{p} \alpha(1-L)q_{t-k}^{\tau} + \varepsilon_t \tag{2.22}$$

这里,L 是滞后算子;变量$\bar{\alpha}$定义为$\bar{\alpha}=1+\bar{c}/T$(c 设置为-13.5);q_t^{τ} 是在变量$\bar{\alpha}$下的局部反向方程。通过如下方程导出:

$$q_t^{\tau}=q_t-\tilde{\gamma}'z_t \tag{2.23}$$

这里,$z_t=(1,t)'$;$\tilde{\gamma}$ 是系数 $\tilde{q}_t$ 在 $\tilde{z}_t$ 时的最小平方回归;$(\tilde{q}_1,\tilde{q}_2,\cdots,\tilde{q}_r)=(q_1,(1-\bar{\alpha}Lq_2,\cdots,(1-\bar{\alpha}L)q_r)$,$(\tilde{z}_1,\tilde{z}_2,\cdots,\tilde{z}_r)=(z_1,(1-\bar{\alpha}L)z_2,\cdots,(1-\bar{\alpha}Lz_r)$。ADF$-GLS\mu$ 测试,允许截取包括和 ADF$-$GLSτ 一样的程序,除了 q_t^{τ} 被局部降低的级数 q_t^{μ} 替代(通过设定 $z_t=1$ 和 $\bar{c}$到-7)。在执行这个测试时,滞后参数 p 使误差项ε_t 成为一个白色干扰程序(white noise process)。当 ADF(扩充的迪基-富勒)$-$GLS 测试统计(通过常规的 t 统计给出,为了用 $\alpha_0=0$ 替代 $\alpha_0<0$ 的选择)是重要的时候,单位根(unit root)假设被拒绝。更加详细的测试程序描述见 Elliott,Rothenberg 和 Stock(1996)的研究。

对背离平价条件的因素分解,通过如下公式计算:

$$Var(r_{t,k}-r_{t,k}^{*})\equiv Var(i_{t,k}-i_{t,k}^{*}-\Delta s_{t,k})+Var(\pi_{t,k}-\pi_{t,k}^{*}-\Delta s_{t,k}) \tag{2.24}$$

式(2.24)表明,背离真实利息平价的强度依赖于金融市场和商品市场的非一体化,以及在背离公开利息平价和相对购买力平价之间合作运动的强度。使用真实数据对 $Var(r_{t,k}-r_{t,k}^{*})$ 的分解能精确地查明是否金融市场或商品市场的壁垒导致平衡真实利息率的失败。

出于同样的原因,公开利息差别的方差和相对购买力差别的方差可以如下表示:

$$Var(i_{t,k}-i_{t,k}^{*}-\Delta s_{t,k}) \equiv Var(i_{t,k}-i_{t,k}^{*})+Var(\Delta s_{t,k}) - 2Cov(i_{t,k}-i_{t,k}^{*},\Delta s_{t,k}) \quad (2.25)$$

$$Var(\pi_{t,k}-\pi_{t,k}^{*}-\Delta s_{t,k}) \equiv Var(\pi_{t,k}-\pi_{t,k}^{*})+Var(\Delta s_{t,k}) - 2Cov(\pi_{t,k}-\pi_{t,k}^{*},\Delta s_{t,k}) \quad (2.26)$$

式(2.24)、(2.25)和(2.26)允许我们评估名义利息率、汇率变化、相关的通货膨胀率的作用,以及它们背离平价条件的共同运动。

2.3.4 中国区域经济整合的经验检验

在“泛一体化”视野下探讨中国区域经济整合的经验检验,逻辑展开的顺序为两岸四地不同关税区的市场整合和大陆以省际为代表的市场整合。

2.3.4.1 两岸四地的市场整合

经济理论界研究国家(基于主权)不同关税区的区域经济整合的文献相对较少,涉及中国两岸四地区域经济整合的研究则更少。在可追溯的文献中,Harding(1993)较早使用了“大中国”(Greater China)这一术语来描述中国大陆、香港、澳门和台湾这一主权国家内部拥有各自独立的货币、关税区和制度的区域之间的联系,随后 Naughton(1997)普及了“中国圈”(China Circle)这一称法。也就是说,研究大陆与其他经济体之间关系的文献相对有限,大部分的研究聚焦在地区间的贸易问题和加入 WTO 后的效益上(Wei & Frankel, 1994;Wei et al., 2000; Noland et al., 1998; Fernald et al., 1999; Wang,2001;Ma,2001)。

Fung(1996)认为,中国贸易有三个特点:通过香港再出口的贸易;与国外投资高度相关的贸易;大量的非法贸易。再出口贸易是指到香港的进口被托运给一个香港的买家,这种贸易增加了一个涨价,再出口到别的国家和地区。若使用美国数据来说明这种再出口,中美贸易平衡则降低了 35%。

国外在中国的投资占中国出口的45%,这些投资包括FDI和外国转包合同。大陆和台湾的非法贸易已经被台湾的非直接贸易政策包括在内,非法贸易(比如走私)和逃避关税也影响了中国大陆与其伙伴国的贸易。

Godon H. Hanson 和 Robert C. Feenstra(2001)曾检验过香港在中国与世界其他地区的中间贸易中的角色。香港分布了大量的中国出口。中国货物扣除关税、保险和货运费后的净额,在离开香港时高于进入香港的价格。中国货物在香港再出口的涨价幅度较高,对不同的产品,一些产品有较高的可变出口价格。这些结论与调节的 quality-sorting 模型一致,也与来自香港到中国的生产任务的外购(outsourcing)相一致。另外的结论是,香港商人通过目标市场和使用转让价格的价格歧视将贸易收益从高税收国家转移收入到香港。

Raymond Fisman 和 Shang-Jin Wei(2001)指出逃税是一个十分复杂的过程,其特点决定了这种现象很难被观察。他们曾对中国的一个逃税案例进行了研究,这项研究较新颖的特点,是通过个别产品的高度分离水平对逃税进行了精确的测量。这项研究通过比较中国从香港进口的报告和香港出口到中国的报告,得出了核心结论:使用1998年的平均数据测算发现,税率增加1%导致逃税增加3%。这个结论与使用1997和1998年的数据的第一差分规范(first-difference specification)相似,在该税收水平上的非线性的逃税弹性较大。这种逃税缺口产品税率的紧密相关,意味着部分逃税的发生是通过误报进口类型(除了低估进口的价值外)等方式进行的。当通过数量而不是价值来测量逃税缺口时,这个结果更加得到断言。

区域经济整合的研究中,对两岸四地间金融和价格联系的调查研究相对缺乏。Pinelopi,Koujianou,Goldberg 和 Frank Verboven (2001)曾采用欧洲市场一体化的独特试验去调查国际市场中一体化与价格收敛的关系,但这种收敛性调查主要是针对绝对或相对的购买力平价(PPP)来说的。与价格和金融相关的调查,有 Ha,Fan(2002)和 Shellekens(2002)对大陆和香港的价格联系及香港的通货紧缩效应等的研究;Yin-Wong Cheung, Menzie D. Chinn 和 Eiji Fujii(2003b)调查了中国内部(intra-China)的联系。国内学者对这方面研究较有影响的是叶舜赞等(1999)和王红霞(2003)的研究，前者主要从制度角度分析两岸四地间的一体化趋势，后者主要从构建自由贸易区的角度分析四个经济体间的一体化趋势。

2.3.4.2 大陆省际间的经济整合

中国国内的区域经济正呈现出日益整合的趋势(Naughton，1999；Xu，2002)，尽管这种趋势目前仍然受到区域市场分割等的干扰，但其整合的特征已明显得到了显示。学术界曾对这种状况展开过讨论，主要观点是：中国的分权结构和地方政府的地方保护主义行为是导致地区间市场分割、重复建设和大量资源误配置的重要原因(Young，2000；Poncet，2002，2003；郑毓盛和李崇高，2003；Bai 等，2002)。大部分针对中国国内区域市场的分析和研究，是以大陆省际间的市场整合为对象的，其检验方法主要有“贸易流量法”(或“商业周期法”)和价格法。

国际上关于中国区域市场一体化进程的激烈争论始于 Young(2000)的论文。他用“生产法”得出的结论显示，近 20 年来大部分的中国省份，在 GDP 的结构、制造业的产出结构或是重要产品的资本边际产出等方面都存在趋同的趋势，他认为中国的分权化导致了地方官员控制下的“零碎分割的区域市场”。对于这种观点，Naughton(1999)却提出了两点质疑：(1)中国各地方生产结构的趋同可能是快速工业化进程本身造成的；(2)区域产业结构的变化有可能意味着中国正在逐步摆脱原有的不合理的区域分工。与 Young 的实证方法截然不同，Naughton(1999)和 Poncet(2002，2003)利用了省际间贸易流的数据进行研究。在他们看来，贸易流量的变化更为直接地反映了区域间市场的整合状况。通过比较 1987 年和 1992 年中国省际工业品的贸易流量，Naughton 发现贸易流量有所增长，制造业内部各行业间的贸易占主导地位，这个趋势与全国市场一体化是相协调的。Poncet(2002，2003)进一步拓展了 Naughton 的工作，她添加了 1997 年的数据来分析中国国内贸易壁垒的演化。其研究结果表明，在 1987 年到 1997 年期间，尽管国内市场的贸易流量在不断上升，但升幅远远落后于国外进口的增长。从各省份贸易流量的构成来看，省际贸易比重的下降为省内商品和国际商品比重的上升所补偿,国际经济一体化与各省份自给自足倾向的合力将国内市场推向了"非一体化"。

Xu(2002)认为,Naughton采用的"贸易法"同样有内在的缺陷:(1)影响贸易流大小的因素有很多,除了两地间市场整合度的变化外,要素禀赋、规模经济等的变化也会导致贸易流改变。在进行回归分析时,如果不能很好地控制这些变量,极有可能产生不可靠的计量结果(Engel and Rogers, 1998;Xu, 2002)。(2)贸易流量极易受到商品替代弹性的影响,若两者之间的商品具有高度的替代弹性,则微小的价格调整也会带来贸易流量的大幅变动(Parsley and Wei, 2001)。他主张用商业周期模型来检验中国省际市场的一体化程度;他曾利用一个误差构成模型(error-components model),把每个省份的部门实际的经济增长(方差分析)分解为受国家宏观调控影响、部门自身生产率影响和本省份对该部门调控的影响。对1991—1998年数据的实证分析表明,虽然在短期内各省份的影响可以解释35%的省际真实产出的变化,但在长期内,部门特定的影响力是产生波动的主要因素。这个结果意味着,尽管中国区域市场一体化还不充分,但正朝着有利的方向发展。Batisse(2002)的实证研究支持在短期内存在较强的省际影响。同时,她还发现,在中国的工业中,Jacobs型的外部性一般发挥着正向的作用(即多样化的格局更有利于地区工业的发展),而专业化的发展模式(Mar型外部性)却对地区的工业增长有着负面作用。

与此同时,认为中国市场存在"非一体化"倾向的声音仍然不绝于耳。Poncet(2002,2003)测算了中国国内市场间的"边界效应",结果表明,在1987年到1997年期间,中国国内的省际边界效应上升了。她认为,中国国内市场的分割根源于自给自足的倾向(尤其是在内地省份),在国内产品与国际产品之间,各省份又更多地选择后者,这更加剧了国内省际贸易强度下降的趋势[①]。她还认为,中国省际间的市场一体化水平低于欧盟国家之间的

① 我们注意到,Berkowitz和DeJong(2001a)在研究俄罗斯经济转型时,同样发现了国际贸易的扩大与国内市场整合存在负向关系。而且他们在另外一篇论文中指出,分权形式的不合理是造成上述市场分割状况的重要原因(Berkowitz and DeJong, 2001b)。

一体化水平。国内学者郑毓盛和李崇高(2003)将中国宏观技术效率分解为省份内的技术效率、产出结构的配置效率及省际要素配置效率。他们发现,自改革开放以来,省份内技术效率已经有所提高,而产出结构的配置效率和省际要素配置效率却有所恶化,这项研究也为证实地方分割的负面影响提供了证据。Bai 等(2002)研究了地方保护主义在中国区域分工中的作用,他们用俄林的资源禀赋理论、克鲁格曼的收益递增理论和马歇尔的外部经济理论构造出五个相关假说,并且利用 29 个省份和 32 个工业部门的面板数据对相关假说进行了检验,结果表明地方保护主义明显存在①。

利用价格信息来测度中国区域间市场整合程度的文献相对较少。现有的以价格信息为出发点的文献,大多侧重于探讨中国各类农产品市场的整合程度。例如,喻闻和黄季焜(1998)以协整(cointegration)的方法测定了中国的大米市场整合程度,他们认为 1988 年至 1995 年间,中国的大米市场整合程度显著提高,粮食市场正朝着一体化方向发展。武拉平(Wu, 2001)以同样的方法研究了大米、小麦、玉米、大豆、猪肉与花生油六种主要农产品的市场整合程度,实证结果表明,这些农产品的国内市场在长期中将走向一体化。

不过,以上研究存在两个重要缺陷:(1)单独讨论某类产品的整合程度无法提供有关区域间总体市场一体化程度的足够信息;(2)用协整法研究市场整合问题的合理性值得商榷。周章跃和万广华(1999)在回应喻、黄的文章时指出,协整法仅能得到“或者全有,或者全无”的结论,有时即使未测出协整关系,市场也可能处于逐步整合过程当中。另外,协整理论的基本假设也可能缺乏可靠的理论支持。该理论假设 i 地的价格 P_i 与 j 地的价格 P_j 协整时,两者之间存在着由式 $P_{it}=\delta+\alpha P_{jt}+v_{it}$ 所决定的稳定关系,即两地价格只能按照固定比例同升或者同降,市场间才存在长期的整合。实际上,“冰川”成本模型可以证明,即使 P_i 与 P_j 间不存在这种稳定的协整关系,也

---

① 值得注意的是,他们把地方保护主义的对象定义为高边际利润税收率的工业部门以及拥有较多国有就业人员的部门,可能有缺陷。此外,在他们的实证研究中,除了资源禀赋理论外,区域分工收益递增理论和外部经济理论的假说都得到了支持。

不能就此判断两地之间的市场是分割的。

Young(2000)在分析中国区域间市场整合程度时也注意到了价格指标的重要性。在他看来,产品价格变动幅度的扩大能够证明区域分割的加剧。不过,Young 的做法是对某类商品的各地区价格简单平均后得到标准差,其潜在的假设是某个地区的价格波动是随机的且没有异方差现象存在。然而,各地区的价格波动均会受到当地地理条件、开放程度等因素的影响,这些因素的地区性差异明显,同方差假设不免过于简化。再者,当以绝对价格的标准差作为判定区域分割的指标时,如果 P_i 与 P_j 差距增大,绝对价格变化的标准差将会扩大,由此将得出区域分割加剧的结论。而在“冰川”成本理论中,P_i 与 P_j 的差距在一定范围内的增大不足以成为否定两地间市场整合的证据。所以,用各地区绝对价格变化的标准差来衡量区域间市场整合程度的做法也值得商榷。

用“价格法”度量区域间市场整合程度的理论基础是 Samuelson(1954)提出的“冰川”(iceberg)成本模型。这个模型表明,P_i 与 P_j 既可能同升同降也可一升一降,只要相对价格 P_i/P_j 的取值不超过一定的区间,均可以认为两地之间的市场是整合的。“冰川”模型的核心思想是以交易成本的存在来解释两地间一价定律(law of one price)的失效。简而言之,因为存在交易成本,所以两地价格最终不可能完全相等,而是在一个区间内上下波动。我们以 i,j 两地为例,假定某种商品的售价在 i 地为 P_i,j 地为 P_j。商品在两地间运输会损耗成本,即“融化”了的“冰川”成本。推而广之,“冰川”成本也可以泛指各种交易成本导致的损耗。另该损耗的大小为每单位价格一个比例 $c(0<c<1)$,此时,只有当条件 $p_i(1-c)>P_j$,或者 $p_j(1-c)>P_i$ 满足时,套利行为才可行,两地会进行此商品的贸易。当上述条件不成立时,商品的相对价格 P_i/P_j 将在无套利区间$[1-c,1/(1-c)]$内波动。所以,即使两地之间市场完全整合,没有套利壁垒,相对价格 P_i/P_j 也不会趋近于 1,而可能有一定的活动范围。也就是说,即使 P_i 与 P_j的运动方向不同或者运动幅度不同,市场仍然有可能是整合的。

以上观点并不是对传统一价定律的全盘否定,而是合理化地修正了原有的理论。以相对价格 P_i/P_j 的运动规律来进行计量检验:(1)对相对价格 P_i/P_j 的时间序列进行单位根检验(unit root test)。若不能拒绝 P_i/P_j 服从单位根运动的假设,则表明方程 $P_{it}/P_{ji}=\beta P_{it-1}/P_{jt-1}+e_t$ 中暗含着 $\beta=1$。此时,序列 P_{it}/P_{ji} 为非稳定的随机过程。从经济含义看,P_i/P_j 的非稳定反映了两地间市场的严重分割,每一次意外冲击都将对 P_i/P_j 造成永久影响,都会使相对价格 P_i/P_j 无法回到无套利区间$[1-c,\ 1/(1-c)]$。反之,拒绝单位根假设则表明 P_i/P_j 的方差为固定值,其变动幅度有限,冲击是暂时的,从长期来看,P_i/P_j 有回复到无套利区间的趋势。若要进一步获知 P_i/P_j回复到无套利区间所需要的时间,则可以通过半衰期作大致的估计。Fan 和 Wei(2003)曾用 ADF(augmented dickey-fuller)测试过中国分类商品类别的时间序列,以 MW 方法(Maddala and Wu, 1999)检验过混合商品的面板型时间序列,并根据回归系数算出半衰期。基于实证结果,他们认为中国国内市场的市场价格有收敛的趋势,渐进式改革推进了市场一体化。然而,他们的结论仅能说明 1990—2003 年中国的市场上存在竞争因素,由于长期内的相对价格趋于收敛,这种结论不能描述收敛过程中的阶段性特征。(2)Parsley 和 Wei(1996, 2000, 2001)的实证研究开拓了以相对价格的方差 $Var(P_i/P_j)$变动为观察对象的应用。如果方差 $Var(P_i/P_j)$随时间变化而趋于收窄,则反映出相对价格波动的范围在缩小,"冰川"成本 c 降低,无套利区间$[1-c,\ 1/(1-c)]$在缩窄,两地间的贸易壁垒有所削弱,阻碍市场整合的因素减少。据此,研究者就有理由推断市场整合程度在提高。陆铭和陈钊(2006)用相对价格的方差市场一体化程度的动态指标对中国经济发展中的市场整合与工业集聚作了详细的分析。

2.4 本章小结

现代经济学越来越趋向于将区域经济整合作为一种组织形式来看待,客观地说,这些看法打破了将区域经济整合完全局限于国与国之间经济贸易往来的传统观点。无论是国际经济学理论框架下的不同关税区区域经济的整合,还是新经济地理理论框架下的同一关税区的区域经济整合,尽管它们都对经济整合中的典型经济学现象作出了合理的解释,但这些理论模型在运用于中国两类区域经济整合问题的解说时或多或少存在一定的局限性和不足之处。基于这样的理解,本章对这些相关理论的文献展开了一定篇幅的梳理和评说。就评说而言,它集中体现在以下几点认识:

第一,经典理论缺乏对不同关税区和同一关税区内区域经济整合理论的统一架构。尽管经典理论中,一些文献涉及对以上问题的思考,但这些文献往往是从某一侧面来展开对相关问题的讨论的,很少有文献将不同关税区或同一关税区的经济整合放置于同一分析框架下进行深入解释。在笔者看来,这主要是因为国际经济学和新经济地理学框架下的区域经济整合的研究对象没有融合不同关税区和同一关税区的情形,国际经济学以不同关税区的主权国家,新经济地理理论则以同一关税区之主权国家的内部区域为研究对象。中国“一国两制”下的“泛一体化”区域经济整合,是一个兼含不同关税区和同一关税区特征的区域市场。因而我们运用经典理论来解释中国的区域市场整合时,不可避免地有着局限性,也就是说,必须对经典理论作出某些修正,才能对中国的区域经济整合进行解释。如果这种修正能获得成功,它对拓展经典理论的经验解说则有着重要的现实意义。

第二,国际经济学框架下的区域经济整合理论对发展中国家的适用性还需要进一步的理论和实证验证。其实,特定的经济理论或经济意识形态的产生,取决于经济学家对作为研究对象的国度的政治、经济环境以及由此决定的经济体制的了解程度。国际经济学框架下的区域经济整合理论是以西方发达国家或具有大体相同的政治、历史、经济、地理环境为背景的国家作为考察对象的,这些理论难以将不发达国家或经济体制转轨国家纳入他们所解说的经济一体化模型,也不能以这种模型对政治、经济、文化错综复杂的国家的内部区域市场整合作出符合其理论逻辑的论证。因此,当我们将分析视角转向不发达国家或经济体制转轨国家,进而研究政治经济发展不平衡国家内部的区域经济整合问题时,有必要对现有的理论在一定程度和范围内进行反思。

第三,在经验检验方面,大部分的实证研究,尤其是中国国内学者的实证研究往往容易忽视以下几个方面的问题:(1)区域经济整合过程中产业集聚与要素流动的相关性。商品流动和要素流动是区域市场整合过程中不可分割的两个部分,但较少文献涉及区域经济整合过程中的商品流动的产业集聚与要素流动的货币一体化问题。这就是一些学者对中国两种类型的区域经济整合检验出现结论分歧的原因之一。(2)中国两岸四地的区域经济整合和以大陆省际为代表的区域经济整合的相关性。作为同一主权国家内部的两类区域经济整合,虽然可以通过贸易流量法、商业周期法和价格法在一定程度上进行经验检验,但由于两者之间的相关性分析文献涉及较少,这便要求我们在展开这方面研究时注重对数据的可获得性等客观困难多加考虑。

最后,本文提出的"泛一体化"构想是建立在大量文献梳理基础之上的,这一构想以不同关税区与同一关税区相融合的实际为背景。具体地说,不同关税区以"一国两制"下的贸易往来、要素流动、产业形成等为考察对象;同一关税区则注重以中国大陆省际间的贸易往来、要素流动、产业形成等为观察对象。国际经济学和新经济地理理论的某些相对成熟的观点,给我们提供了不同关税区和同一关税区的理论解说的支持。如果我们能够结合中国的实际将这些经典理论加以运用,那么"泛一体化"构想的论证便有了较好的理论基础。而当我们对这些经典建立论作出某些必要修正,从而能够架构起"泛一体化"构想的大致框架时,本书的研究则有可能产生一定的学术价值。

3 区域经济整合与“泛一体化”说：机理分析

在区域经济整合的经典理论框架内，现有的关于区域经济整合的分析和研究，无论是从概念到理论，还是从创立者的初衷到最近的发展，大都致力于解释和考察国与国之间的经济整合现象。近年来，在国内理论界和官方文献中，区域经济整合理论被越来越多地引入中国内部区域经济的分析。诚然，这些分析是在新经济地理理论框架下对产业集聚的解释，并且在一定层面间接描述了区域经济整合的现象，但由于这些分析没有从“泛一体化”角度将港澳台和大陆作为一个整体来考虑，因而其分析框架依然缺乏整体性。本章尝试性地用“泛一体化”构想对中国两类区域经济整合给予理论解说。

3.1 中国区域经济多层次性解析

关于中国区域经济，早先的研究大多缺乏界定，一般将三大地区、省域到县域乃至其下的地区笼统地称为“地区”。赵伟(2006a,2006b)解析了中国区域经济的多层次性特征，指出“区域”尤其是“区域经济”在中国是个极其宽泛的概念。客观地说，作为地域面积与人口规模均名副其实的大国，中国内部多层次的区域经济，至少可分为四个层次：

第一个是国民经济层次，即在全国范围内形成东部一中部一西部三大经济区域。具体地说,东部地区包括的10个省(市)是:北京、天津、辽宁、山东、江苏、上海、浙江、福建、广东、海南;中部地区包括的11个省(市)是:黑龙江、吉林、河北、内蒙古自治区、山西、河南、湖北、湖南、安徽、江西、广西壮族自治区;西部地区包括的8个省(市)是:陕西、甘肃、四川(重庆)、云南、贵州、青海、新疆维吾尔自治区、宁夏回族自治区①。这样的划分至少在两个方面仍然具有合理性:其一,这种划分基本上符合各个省份的地理特征;其二,这种划分也基本上反映了中央政府的一些经济政策的实施原则,例如改革开放之初的地区开放次序选择以及近年来的"西部大开发"战略(Xu,2002)。

第二个是大区域经济层次,即在东部、中部或者西部大区域经济之下,分别存在着一些发展层次相近的区域。在所有大区域经济中,最引人注目的是东部沿海地区的珠江三角洲地区、长江三角洲地区,以及环渤海地区。考虑到这三大沿海地区工业化进程的超前性,可以称之为三大"工业化地带"(Industrial Zone),而在中部与西部地区,各自也有或者正在形成一些跨越省域边界的大的经济区。

第三个是省、市际经济层次,即在第二个层次区域之下,基于地理因素、行政区划因素和经济联系因素在各个大区域经济之下形成的涵盖若干个省、市的区域经济,最著名的是珠江三角洲之港－深(圳)－广(州)经济区、长江三角洲之江(苏)－浙(江)－沪经济区,以及环渤海工业化地带之京－津－唐经济区。

第四个是"大中国"经济区层次或"一国两制"层次的区域。事实上,上述三个层次仅仅是大陆经济的区域层次,如果将香港、澳门两个特别行政区和台湾地区算在内,则在上述三个层次之上还须加上一个层次,加上这个层次就是本书作为研究对象的"大中国"经济区层次或"一国两制"层次的区

① 需要说明的是,关于国民经济层次,另一种常用的地理划分是沿海和内地。很多文献将沿海等同于东部,而将内地等同于中西部。也有些文献对东、中、西三大地带的划分存在一些差异,例如广西和内蒙古有时被划为西部,河北有时被划为东部,但这些差异通常不会对研究结论构成显著的影响(陆铭、陈钊,2006)。本研究在原则上同意这样的观点。

域[1]。这一层次最大的特点在于成员体之间是不同制度、不同关税区、不同货币下的同属主权国内部区域,显然这是中国独特的区域市场整合。

表 3.1 对中国内部多层次的区域经济整合差异作了分类比较。

表 3.1 “泛一体化”框架下中国四个层次区域经济整合涉及的议题与问题

		大陆经济			“大中国”经济区	
		第一层次(东一中一西)	第二层次(三大工业化地带)	第三层次(省、市际经济)	第四层次	
					港澳与大陆	台湾与大陆
差异	制度	小	较小	极小	较大	较大
	关税	较小(保税区等)	较小(保税区等)	无	较大	较大
	货币	无	无	无	有	有
	政策	有	较小	较小	较大	较大

上述四个层次的区域经济之间的差异,大体上可以从经济制度、关税制度、货币体系和经济政策等四个方面进行比较。其中“一国两制”层面的区域间差距较大,而大陆内部各区域经济之间的差异较小。各个层次下的区域经济差异在“泛一体化”框架内是有可能推断的。表 3.1 的分类整理揭示,这四个层次的区域经济整合,实际上要面对两种类型的市场整合:一种是不同经济制度、不同关税区和不同货币体系之间的市场整合;另一种是同一经济制度、同一关税区和同一货币金融系统之下的不同地区市场之间的整合。这两种类型的市场整合无疑是严格有别的。

两类严格有别的区域经济整合所引出的论题,也严格有别。具体来说,“大中国”经济区的市场整合,尤其是大陆与台湾、大陆与港澳地区的市场整合,正在或将会引出区域经济一体化的大部分论题。不难推论,这个层面的区域经济整合,既会引出单一关税等一体化的老问题,也会引出单一货币系统等区域经济一体化新论题。大陆各层次的区域市场整合,正在或将会引出新经济地理所关注的大部分论题,如产业集聚、区位差异引致的增长差

① 文献考证认为,Harding(1993)最先使用了“大中国”(Greater China)这一术语,而 Naughton(1997)则用了“中国圈”(China Circle)这一称谓。

异,以及中央政府政策实施效果差异等。就此,出于问题分析的对象锁定以及聚焦核心含义的目的,本书对中国区域市场整合的"泛一体化"分析构想所界定的"区域"主要指上述四个层面中的第三和第四层次,兼或在问题的延伸讨论中涉及第一和第二层次。

3.2 区域经济整合机理:"大中国"经济区层次

从大陆与港澳台地区的市场整合来看,本书2.1中关于不同关税区或国际层面之区域经济整合的几乎所有论题都将引出。因此国际经济学的一体化经典理论和实证研究的某些分析范式可以沿用于"大中国"经济区层次的市场整合研究,其中关税同盟理论的三个论题对研究这一层次的区域经济整合,均具有现实意义。

3.2.1 港澳与大陆:一般演进视角

香港和澳门均属于自由港,各自为独立关税区,是两个对外高度开放的海岛型城市经济体系。香港和澳门与中国大陆经贸关系的发展过程,实际上是港澳地区同大陆在区域市场上从分离到重新整合的过程(陈广汉,2006)。撇开香港和澳门在政治上与祖国分离的诸多原因,仅就经济层面而言,港澳地区与大陆的脱离既与外部原因有关,也与内部的经济体制原因密切相关。如果说香港和澳门的政治回归分别是在1997年和1999年开始的,那么香港和澳门的经济回归则可以从大陆经济的改革开放开始,从这个意义上来理解,是中国大陆的改革开放开启了港澳地区与大陆的区域经济整合或经济一体化(economic integration)过程。

区域经济整合可分为两种形态:功能性整合和制度性整合,即本书2.1提及的Tinbeergen(1965)理论中的消极一体化(negative integration)和积极一体化(positive integration)[①]。功能性整合指某一区域内各经济领域实际发生的阻碍经贸活动因素的消除和经济的融合，它主要是自发的市场力量推动和引导的结果，反映了区域内经济发展的内在要求，具有不稳定性。制度性整合是通过区域内各成员建立的协议，并由特定的一体化组织管理机构加以指导和按照明确的制度安排的一体化过程，它反映了功能性整合的要求，并将其制度化和法制化，使功能性整合的成果得到巩固并不断提高。因此，只有二者的紧密配合和相互促进，才能不断推进和深化区域经济合作与整合过程。尽管香港和澳门与中国内地的经贸合作不同于国家之间的经济一体化，但是经济一体化的理论，仍然可以帮助我们理解和思考港澳与中国大陆之间经济关系的演变和发展。沿着这一思路，根据中国大陆市场开放程度的差异，我们可以将中华人民共和国成立后的港澳与中国大陆的经济关系分为三个时期：

第一时期，基于功能性整合的货物贸易的主导阶段(20 世纪 50 年代至 70 年代末)。这一时期的中国大陆市场基本是封闭的，有限的货物贸易是港澳与大陆经贸关系的主要纽带。中华人民共和国成立后特殊的国际政治和经济背景，以及相当长的一段时期发展思路的偏差，使中国大陆与国际市场处于隔离状态，加上西方国家的经济封锁，中国基本上只能同以苏联为首、以计划经济为特征的社会主义阵营国家，进行有限的以货易货的贸易。这一时期的香港几乎成为中国大陆与国际市场联系的唯一通道。香港凭借其自由港的地位、国际性的商贸网络和与大陆的特殊联系，承担了中国大陆与国际市场之间有限的贸易转口港的角色定位。虽然，香港与大陆的贸易额占香港贸易总额的比重由 1950 年的 27.2%不断下降到 1970 年的 8.8%，但这一比例在 1980 年以后开始明显上升。尽管如此，这一时期的大陆一直在香港贸易总额中保持前 4 名的地位，大多数年份位于前 3 名，而在进口方

① Tinbergen(1965)认为，消极一体化(negative integration)指“取消各种规章制度”，即消除对有关各国的物质、资金和人员流动的障碍；积极一体化(positive integration)指建立新的规章制度去纠正自由市场的错误信号，去强化自由市场正确信号的效果，从而加强自由市场的一体化力量。

面则保持在前1—2名的位置①。

第二时期，基于功能性整合向制度性整合转变的直接投资和货物贸易并进的阶段(中国大陆实现改革开放至加入WTO)。20世纪70年代末，中国大陆制定了改革开放的基本国策,大陆市场的开放选择了符合自身国情的渐进式、局部开放的道路。这种局部对外开放可以从两个方面理解:(1)从地域来看，首先是从沿海城市和地区开始的开放。改革开放初期建立的四个经济特区，其中三个放在广东,两个位于珠三角，紧邻港澳地区。(2)从领域来看,首先是直接投资市场有选择地开放。在大力引进海外直接投资的同时，为了有利于大陆本土工业的发展,大陆市场对一些技术含量较低、劳动密集产业的产品的内销市场实行比较严格的限制。这是导致粤港之间"前店后厂"的产业分工模式的一种投资和贸易的制度安排。

"前店后厂"的产业分工模式实际上是一种投入和产出"两头在外"的、"大进大出"的直接投资和贸易模式。在这一模式中，投资和贸易是互动的，正是投资和贸易相互补充和相互促进导致了粤港之间贸易量的高速增长，使香港自由港的制度优势得到了发挥，香港成为一个国际性的贸易、金融、物流和商贸服务中心。"前店后厂"合作模式是香港的体制、资金和它掌握的国际市场的优势与内地和珠三角地区劳动力、土地等资源优势，在中国大陆市场局部开放条件下相结合的产物。这一时期香港成为大陆改革开放和经济增长的一个发动机。2002年,中国大陆与香港的贸易额占香港贸易总额的42%，香港转口贸易的90%与中国大陆有关。截至2003年底，港资在中国大陆实际利用外资中的比重高达44.4%，远远高于其他国家和地区。2004年,香港是中国大陆第四大贸易伙伴,名列欧盟、美国和日本之后②。同时，中国大陆在香港外来直接投资和香港对外直接投资中均名列首位③。

第三时期，基于制度性整合的贸易和投资的自由化阶段(以CEPA签

---

① 华润贸易咨询有限公司:《香港经济贸易统计汇编(1947—1987)》,1988年,第53页。

② 吴光正:《CEPA揭开内地与香港经贸关系新页》,《香港经济年鉴2004年》,香港经济导报出版社2004年版,第13页。

③ 中华人民共和国香港特别行政区政府统计处:《香港统计年刊》,2003年,第387-388页。

署为代表)。CEPA(香港与内地建立更紧密经贸关系的安排)作为一种自上而下的制度安排,以提供有效的服务和降低交易费用的方式,加强了港澳与大陆的经济互动,它是在“一国两制”前提和WTO框架下,主权国家内部独立关税区之间的自由贸易协议,是为了解决或逐步消除回归后港澳与大陆经济整合中,由不同社会运作机制所引发的,因历史因素而必然造成的贸易差异。由于港澳不同于大陆其他省份的特殊地位所引起的制度性障碍,货物贸易自由化、服务贸易自由化和投资便利化构成CEPA的基本内容。CEPA这一制度安排的目的是最大限度地降低区域内商品和生产要素流动的障碍,使直接投资和间接投资、货物贸易和服务贸易、商品和要素逐渐自由和双向地流动,其制度创新的绩效正逐渐显现①。正如德国经济学家柯武刚(1992)所说:“制度能增强生产要素——如劳动——在满足人类需求上的效能。这种作用的方式类似于其他一些生产要素,如资本。资本使劳动具有更高的生产效率。因此,我们可以视共同的制度为一种定量的生产性资本。我们可以称其为‘制度资本’。”

港澳地区与大陆的区域经济整合,无论是功能性整合还是制度性整合,制度本身不是目的,它只是人们追求自由、繁荣、和平这一类基本价值观的手段。从这个意义上说,不仅CEPA所带来的制度绩效远远大于CEPA内容本身,而且CEPA对珠江三角洲乃至大陆的长期制度创新收益,也会远远大于短期。从区域经济整合或区域经济一体化的角度来看,未来港澳地区与大陆取消关税壁垒后,三地间的市场整合绩效可通过贸易创造和贸易转移效应、贸易扩张和贸易条款效应,以及成本递减和贸易抑制效应等一体化经济学的经典度量范式给予综合测度。

3.2.2 台湾与大陆:经贸合作视角

两岸经济关系是在非常特殊的背景下发展起来的一种经贸往来,它既不是典型意义上的国际经济关系,也不是国内地区之间的经济关系,而是一

① 对CEPA产生的背景和发展趋势展开从制度经济学层面的研究可参阅陶一桃(2005)的相关论述。

个尚未统一的主权国家内部、两个极不对称又相对独立的经济体系之间的经济关系。在这种特殊的经济关系中，由于受到两岸官方“鼓励”与“限制”两种力量的博弈和较量，一直无法通过官方的接触和协商，建立两岸经济合作机制和合作模式，而主要是通过市场力量的推动与大陆方面的引导形成一种初级的、多样性的经济合作模式[①]。目前学术界有关两岸经济合作机制和合作模式的探讨，未能区分初级阶段与高级阶段的经济整合模式问题(孙兆慧、王建民，2006)，但我们依然可以从代表性学者的观点对这一问题展开讨论。

海峡两岸以及国际学术界对两岸经济整合模式的讨论，先后出现过两次高潮。第一次是20世纪80年代末期到90年代初，在两岸关系解冻与两岸经贸关系迅速发展的背景下，两岸及海外学者对两岸经济整合给予高度期待，提出多种经济整合模式构想。1980年香港黄技连教授首次提出“中国人共同体”构想，当时并没有引起学术界和国际社会的注意。1987年后，类似命题成了中国大陆、台湾、香港、澳门学术界，以及美国华人学术界相当热门的话题，主要包括“华人共同市场”(林邦充，1988)、“大中华共同市场”(郑竹园，1988)、“亚洲华人共同市场”(高希均，1988)、“经济大中国”(李自福，1988)、“两岸经济大循环”(张五常，1988)、“南海经济共同体”(张俊宏，1989)、“华人经济区”(“世界银行”及“国际货币基金会”，1993)。表3.2列举了这些构想的主要内容。不过，由于此后两岸关系发展不如预期顺利，台湾当局的大陆政策转向管制，使得有关探讨两岸经济整合模式的思潮逐渐消退。

① 需要说明的是，两岸经济整合模式，与两岸经济合作机制与合作模式密切联系，但却不是同一概念和范畴。经济整合模式如自由贸易区或共同市场等是经济合作机制与经济合作模式的高级形态。

表 3.2 台湾与大陆经贸合作的各种设想

名称	提出者	提出时间	主要内容
“华人共同市场”	林邦充	1988 年 1 月(台湾《工商时报》,1988 年 1 月 6 日)	分阶段实现合作:(1)开放间接通商;(2)开放直接通商;(3)组织共同市场(包括中国大陆、台湾、香港和新加坡);(4)实现“中华联邦”
“大中华共同市场”	郑竹园	1988 年 3 月(北京《瞭望》周刊海外版,1988 年 11 月号)	成员包括中国大陆、台湾、香港和新加坡,各成员维持现有政经体制不变,互相不隶属
“亚洲华人共同市场”	高希均	1988 年 10 月(香港《情报》,1988 年 10 月 15 日)	主张把政经分开,使中国大陆、台湾、香港和新加坡四者“形成经济合作,凝成一股前所未有的华人力量”
“经济大中国”	李自福	1988 年 10 月(美国《商业周刊》,1988 年 10 月 10 日)	主张把大陆的科学研究、原材料和劳动力,台湾的资金和销售技术,香港的金融通讯系统,三者联合在一起,使中国成为亚洲仅次于日本的一个超级经济强国
“两岸经济大循环”	张五常	1988 年(香港《经济导报》,1988 年第 23 期)	认为两岸关系可采用“两岸大循环”模式,实行经济途径,可以相互得益,减少敌视
“南海经济共同体”	张俊宏	1989 年 1 月(洛杉矶《国际日报》,1989 年 1 月 16 日)	主张将中国大陆东南沿海省份、台湾、香港和新加坡等联结起来,形成一个倾向于“欧共体”形态的“南海经济共同体”
“华人经济区”	“世界银行”及“国际货币基金会”	1993 年(台湾《经济日报》,1993 年 5 月 15 日高希均文章)	“世界银行”及“国际货币基金会”历次的统计分析中,总把中国大陆、台湾、香港视为一个整体的单元,称为“华人经济区”

资料来源:根据曹小衡. 海峡两岸经济一体化的选择与定位. 台湾研究・两岸关系,2001,(3):23－31 整理。

第二次讨论是从 20 世纪 90 年代末到 21 世纪来临。尽管两岸关系依旧对立,但由于两岸的经济往来更加密切,加上大陆与香港、澳门签署了更紧密的经贸关系安排(CEPA),以及世界范围内区域市场整合浪潮的兴起,学术界再次兴起对两岸经济整合模式问题的讨论,提出了一些新的设想。这些设想主要包括两岸更紧密的经贸关系安排(CEPA)、两岸自由贸易区、两岸共同市场等。这三种区域市场整合模式实际上是经济一体化过程中的不同阶段或变异,具体可从以下三个方面予以考察:

其一,就两岸更紧密经贸关系安排而言,有学者提出两岸仿效大陆与香港(澳门)实施更紧密经贸关系安排(CEPA)这一较低层次的两岸经济合作机制或整合模式。只是台湾当局明确反对 CEPA 模式,使得现阶段两岸之间即使这种最低层次的区域市场整合模式也无法建立或实现。不过,大陆单方采取的对台湾农产品进口的便利化措施以及对部分台湾水果和蔬菜的零关税进口,是一种促进两岸经济合作的尝试,但还不是一种两岸经济合作的机制或整合模式。其实,这一经济整合模式是国际区域经济整合过程中最初级阶段的特惠关税区的变异。其二,就两岸自由贸易区设想而言,有学者提出建立海峡两岸自由贸易区,这一经济整合模式是区域市场整合第二阶段即自由贸易区(FTA)。其实,依据两岸先后加入世贸组织(WTO)这一事实,可以按照相关的规定建立起两岸自由贸易区,实现两岸经济的高度合作与整合,但由于现阶段台湾执政当局的政策持反对态度,因此仍不具实现的可能性。其三,就两岸共同市场而言,类似的设想曾在 20 世纪 80 年代末期和 90 年代初期就有学者讨论过。在提出这一概念之初,两岸学界并未就此给予太多回应,大陆方面也不认同。不过,这一两岸共同市场的构想主要是基于两岸经济合作促使资源优化配置的考虑,并不完全是区域经济整合概念意义上的“共同市场”。

显而易见,上述关于台湾与大陆经济整合的构想或模式选择的探讨,不同于港澳与大陆之间在市场整合初期自发形成的经济合作模式(功能性整合),而是必须由两岸官方主导和出面制定相关协议,且必须有制度化安排的经济合作模式或整合模式(制度性整合)。这就涉及制度性整合过程中政策制定权的分配问题,即本书 2. 1. 2 中提及的由 Helpman 和 Krugman (1985),Smith 和 Venables(1988),Helpman 和 Krugman(1989),以及 Gasiorek(1991)等学者在 Grubel 和 Lloyd 的研究基础上发展起来的基于博弈论视角的区域市场整合的政策绩效评估。笔者根据以上理论的认识是,在收益递增的情形下,如果“先行者占优”(first mover advantages)法则强烈,内部“越轨”式的抢先行为便较多,于是,区域经济整合可能会导致成员体之间的贸易政策摩擦,除非成员体之间的博弈具有合作博弈的特征。联系台湾与大陆的区域经济整合来看,在未来制度性整合过程中,政策制定权的分配会对双方的市场整合绩效产生直接影响。

3.2.3 “大中国”经济区层次:多种内涵视角

如果要对上述宏观演进视角下的“大中国”区层次的经济整合现状进行理论提炼,寻找一般性的经济整合机理,我们有必要对国际经济学之一体化理论中的贸易创造和贸易转移、贸易流与产业内贸易和货币一体化作进一步的理论解释。

3.2.3.1 “大中国”经济区层次的贸易创造和贸易转移

本书在 2.1.1.1 中所提及 Viner 的“贸易创造”(trade creation)和“贸易转移”(trade diversion)理论的基本结论是:在关税同盟成立前,对未来成员体的高关税会增加贸易创造的可能性;而在关税同盟建立后,这些未来成员体则有可能取得福利收益。另一方面,对非成员体的低关税将会减少贸易转移的机会。显然,当我们将“大中国”经济区的四个主体看成是存在着一种准关税同盟的研究对象,则 Viner 关于贸易创造和贸易转移效应的学说,无疑会给我们研究区域市场整合提供某些启示,沿着这些启示可以归纳出某些机理,并在这些机理的基础上利用 Balassa(1961)模型对“大中国”经济区有可能出现的区域经济整合展开模拟检验。

Balassa 模型是以区域贸易合作前进口需求收入弹性固定不变,而区域贸易合作必然引起进口需求收入弹性的变化为基本假设前提,通过区域贸易合作前后进口需求收入弹性的变化来说明区域贸易合作的贸易创造效应和贸易转移效应。区域内贸易进口需求收入弹性增大,则意味着总贸易创造;区域外贸易进口需求收入弹性减小,则表明总贸易转移。Balassa 模型的公式为:

$$M=aY^{b}u \tag{3.1}$$

式中,M 为进口值;Y 为国内生产总值;a 为一常数;u 为模型误差;b 为进口需求收入弹性。将方程两边同时取对数得:

$$\ln M=a+b\ln Y+u \tag{3.2}$$

可将式(3.2)进一步转化为3个方程:

总进口方程:

$$\ln MT = a_t + b_t \ln Y + u_t \tag{3.3}$$

区域内进口方程:

$$\ln MI = a_i + b_i \ln Y + u_i \tag{3.4}$$

区域外进口方程:

$$\ln ME = a_e + b_e \ln Y + u_e \tag{3.5}$$

MT、MI、ME 分别代表总进口值、区域内贸易进口值和区域外贸易进口值。由于 $CEPA$ 实施时间不长,只能计算较少时段的进口需求收入弹性,对以上各方程中的 a、u 不再考虑,从而使之简化为:

$$\ln MT = b_t \ln Y;\ \ln MI = b_i \ln Y;\ \ln ME = b_e \ln Y \tag{3.6}$$

当区域贸易合作后的 b_t 和 b_i 都大于合作前的水平,则存在着 Viner 理论中的净贸易创造,即在区域内部实行自由贸易后,成员体 A 内成本高的产品为成员体 B 内成本低的产品所代替,原来由成员体 A 生产的,现在从成员体 B 进口,新的贸易得到"创造"。从成员体 B 进口成本低的产品代替原来成本高的产品后,成员体 A 就可以把原来的生产成本高的资源转向生产成本低的产品,从而获得利益。

当区域贸易合作后的 b_i 大于合作前的水平,而 b_e 小于合作前的水平,则存在着 Viner 理论中的净贸易转移,即由于区域内经济体对外实行统一关税率,对第三方的歧视导致从外部进口减少,转为从成员体进口,这就产生了贸易转移。由于从原来的第三方进口成本较低的产品改为从成员体进口成本较高的产品,这会造成一定的损失。

由于 CEPA 实施时间不长,可计算进口需求收入弹性的数据时段较短,因此可能获得的"大中国"经济区内各经济体间贸易的样本数据较少。但根据 Balassa 模型所计算的进口需求收入弹性对贸易创造和贸易转移效应的解释还是可以反映两岸四地间的贸易往来的演进动态。

3.2.3.2 "大中国"经济区层次的产业内贸易

本书在 2.1.1 和 2.1.3 中已指出,随着规模经济被越来越多地纳入区域市场整合的动态分析,衡量关税同盟配置效率的标准扩大到:贸易创造和贸易转移效应、贸易扩张和贸易条款效应,以及成本递减和贸易抑制效应。如果说 Balassa 模型检验的是“大中国”经济区内的贸易创造和贸易转移效应,那么对贸易扩张和贸易条款效应,以及成本递减和贸易抑制效应的检验就会涉及贸易流和产业内贸易。

主流经济学对产业间一产业内贸易的测度大部分都采用了由 Grubel 和 Lloyd 在 1975 年提出的产业内贸易指数法(Grubel-Lloyd Index,简称 GL 指数),这是目前对产业内贸易发展水平进行测度所采用的最广泛的方法。其具体计算公式为:

$$IIT_i = 1 - \frac{|X_i - M_i|}{(X_i + M_i)} \tag{3.7}$$

式中,X_i 表示一个经济体的产业 i 在某一特定年份的出口贸易额;M_i 表示该经济体的产业 i 在同一年份的进口贸易额;IIT_i 即为该经济体产业 i 的产业内贸易指数。通过这个公式计算出来的指标 IIT_i 在 0 到 1 之间变动,若 $IIT_i=0$ 则表示完全的产业间贸易;若 $IIT_i=1$ 则表示完全的产业内贸易。一个经济体的总产业内贸易指数可以由所有产业的产业内贸易指数的加权平均数求得。其具体计算公式为:

$$IIT = 1 - \frac{\sum_{i=1}^{n} | X_i - M_i |}{\sum_{i=1}^{n} (X_i + M_i)} \tag{3.8}$$

以式(3.7)和式(3.8)为代表的 GL 指数被广泛运用于产业内贸易的测度,在这一运用过程中,一些学者对 GL 指数的缺陷进行了修正。Aquino (1978)认为,多边总体贸易的不平衡性会使得用 GL 指数测算出的产业内贸易数值比实际值偏低,应该采用经过贸易失衡矫正过的双边贸易额。Brülhart(1994)认为,GL 指数能够很好地刻画某一年的产业内贸易情况,但不能反映贸易变化的状况,如果在 GL 指数中用贸易量的一阶差分取代贸易量就可以衡量产业内贸易的动态变化。尽管这些修正在一定程度上提高了 GL 指数衡量产业内贸易发展水平的准确性,但 GL 指数本身只是一个比值,并不能反映产业内贸易的发展规模和发展速度,也无法将产业间贸易以及水平型和垂直型产业内贸易从数量上区分开来,因而采用GL指数需配合其他测度方法来进行更深入的产业间和产业内贸易的测度。

尽管GL指数有测度上的缺陷,但本书旨在运用GL指数考察"大中国"经济区内扩大的区内贸易来源,因此,这一指数对说明"大中国"经济区构建区域经济一体化的成本大小还是具有适用性的。具体来讲,如果"大中国"经济区内贸易扩大的来源主要是产业内贸易,那么各经济体参与区域市场整合的成本就比较低。由于产业内贸易指标值在0—1间变动,因此,通常情况下IIT_i越接近0,"大中国"经济区内该产业越表现为产业间贸易现象;IIT_i越接近1,"大中国"经济区内的产业越表现为产业内贸易程度现象。在一般的实证分析中,*GL*指数进一步可细化为:如果$IIT_i \geqslant 0.5$,就说明"大中国"经济区内有较明显的产业内双向进出口贸易的存在;如果$IIT_i > 0.7$,就说明"大中国"经济区内有很强的产业内贸易关系。

3.2.3.3 "大中国"经济区层次的货币一体化

本书在2.3.3中就"泛一体化"框架内货币一体化问题从平价条件的模型展开过文献评述,但对"大中国"经济区层次的货币合作乃至汇率协调机理的阐述,还需作进一步的理论解说。

"大中国"经济区层面的货币一体化是否最优,取决于它能否满足最优货币区的标准——生产要素流动性、工资和价格弹性、经济开放度、产品和消费的多样性、通货膨胀相似性、财政一体化程度、政治一体化程度以及冲击的对称性等。具备上述特征的货币一体化可以减轻经济冲击对货币区各经济体产生的不对称影响,或者有助于各经济体内外均衡的恢复,从而降低各经济体对名义变量调整(包括货币供给和汇率)的依赖。这里所说的经济冲击,指的是造成经济运行偏离其均衡状态的各种内外部因素,包括需求冲击、供给冲击、货币冲击等。

进入20世纪90年代后,随着计量经济学的发展,对货币一体化的研究越来越多地集中到了经济冲击对称性方面,经济冲击的性质因此也成为判断是否构成最优货币区的最重要标准。Cohen和Wyplosz (1989) 率先利用产出(GDP)的时间序列数据研究冲击的对称性问题。之后,Caramazza等(1990)通过考察实际汇率变动、股票价格变动(Eichengreen,1990)等相对价格变化,或者劳动力流动性(De Grauwe & Vangaverbeke,1991)、财政转移支付(Sachs & Salai Martin,1991)等因素来判断经济冲击的对称性。但是上述方法都无法从变量的变动中区分哪些是经济冲击造成的,哪些是要素调整造成的。Blanchard 和 Quah (1989)提出了将经济冲击分解为供给冲击和需求冲击的结构向量自回归模型(structural vector auto regression, SVAR)方法,从而为研究经济冲击的对称性提供了更有力的路径。Bayoumi 和 Eichengreen (1992,1994,1996)在结构向量自回归模型方法的基础上提出向量自回归模型(vector auto regression, VAR)方法,从根本上克服了上述几种方法的缺陷,把研究的重点推进到导致价格、产出变动的深层次因素上。Bayoumi 和 Eichengreen (1992,1994,1996)的 VAR 模型为:

$$\Delta X_t = B_1 \Delta X_{t-1} + B_2 \Delta X_{t-2} + \cdots + B_n \Delta X_{t-n} + e_t \tag{3.9}$$

经济冲击性变量 $\Delta X_t = (\Delta P_t, \Delta y_t, \Delta i_t)^t$,误差项 $e_t = (e_{pt}, e_{yt}, e_{it})^T$,$\Delta P_t$,$\Delta y_t$,$\Delta i_t$ 分别表示价格的变化率、收入变化率和利率的变化率,并且这些变化率均采用对数差分的形式获得,以此剔除短期影响,考察相对长期的变量变化。其中价格、收入和利率分别用 CPI 指数、名义 GDP 和一年期储蓄存款利率来衡量。

靳超、冷燕华(2004)用 VAR 模型对 1979 年到 2003 年“大中国”经济区层面的货币一体化数据进行了实证分析,通过对名义经济指标相关性和经济冲击相关性的研究得出如下结论:(1)“大中国”经济区层面的供给冲击呈现弱相关,但是大于需求冲击和货币冲击的相关度,因此,可以说“大中国”经济区层面在实际经济变量冲击方面呈现相对更强的相关性或对称性。(2)需求冲击呈现的负相关证明,在短期名义变量波动上,“大中国”经济区层面有相当程度的不对称性,这在一定程度上反映了“大中国”经济区各经济体的经济结构、经济规模的差异性。(3)在市场化程度方面,大陆要落后于香港、澳门和台湾,这会对货币一体化形成一定的阻碍。此外,李心丹、刘瑛、刘铁军(2003)也曾通过VAR模型对大陆和香港能否构成最优货币区进行了类似的实证研究,他们得出的结论是:大陆与香港之间的供给冲击具有一定的对称性,而大陆与香港之间的需求冲击和货币冲击具有不对称性,从大陆和香港未来的发展方向来看,经济冲击的对称性将随着经济一体化程度的提高而提高,货币一体化的条件也将逐渐成熟。

因此,通过建立在平价条件基础上的货币一体化模型检验“大中国”经济区各经济体的货币一体化趋向,并对这一趋向背后的经济冲击性进行向量自回归模型(vector auto regression, VAR)检验,从而找出“大中国”经济区层次货币一体化导致价格、产出变动的深层次因素,不失为一种可行的研究思路。

3.3 区域经济整合机理:大陆省际层次

在中国渐进式改革开放的蓝图中,政府希望先行发展起来的沿海地区能够带动内地的经济增长。但是,这种基于“新古典增长经济学”收敛假说(Barro和Xala-I-Martin,1995)的良好愿望至今没有完全实现——尽管改革开放使得全国各地均实现了不同程度的发展,但地区间的差距却始终处在不断扩大的过程之中①。中国的经验并不是独一无二的,事实上,很多发展中国家和经济转型国家在经济开放之后均出现了地区间差距持续扩大的现象,而一个更为基本的事实是,这些国家都出现了工业生产的集聚,这些现象对新古典的增长理论提出了挑战。最近10多年兴起的新经济地理学在解释工业集聚和地区间差距方面获得了巨大的成功,这一理论认为,地理位置和历史优势是集聚的起始条件,规模报酬递增和正反馈效应导致了集聚的自我强化,使得优势地区保持领先。本节以下的分析即在描述大陆省际市场特征性事实的基础上,从经济地理和新经济地理理论范式下的工业、

---

① 关于中国大陆各地区市场间是趋于分割还是整合的争议,本书在2.3.4.2中已作了相关观点的整理和测度方法的归纳。

区位和政策三个维度展开理论分析[①]。

3.3.1 产业集聚与区域经济整合

本书之所以将大陆省际区域经济整合研究的重点集中于工业,是基于两个因素的考虑:其一,工业是推动其他产业发展的重要力量,中国工业发展水平的地区差距是地区间差距最为重要的表现(范剑勇和朱国林,2002);其二,从新经济地理学的角度来讲,工业可以在地区间转移,在收益递增作用机制下,只要地区间交易成本没有达到足以分割市场的条件,就可能导致工业的集聚,并且集聚效应最显著。因此,中国大陆省际层次经济整合的现状在很大程度上体现在各省之间的工业集聚上。

陆铭和陈钊(2006)从收入差距角度对改革开放以来中国大陆省际市场发展格局的特征性事实描述如下:(1)各个省级行政区之间的收入差距在逐渐扩大。城市职工的平均收入和家庭人均收入数据也显示出省份之间的差距有上升趋势(Knight, Li and Zhao, 2004)。(2)东部沿海地区与中西部地区之间的收入差距在扩大,而三大经济带内部的收入差距则有“俱乐部”收敛趋势(Zhang et al., 2001; Yao and Zhang, 2001)。(3)城市职工平均收入和家庭人均收入的数据表明,省份内部的收入差距在上升,但省份内部的收入差距在不同的省份之间却有趋同趋势;(4)珠江三角洲、长江三角洲和环渤海湾地区由于工业在GDP当中的比重越来越大,导致这三个地区与其他地区之间的收入差距也呈现出扩大趋势。

作为对上述描述的进一步分解,笔者绘制了1978年和2006年中国省

---

① 传统经济地理学认为,工业集聚的主要原因是不同区域之间经济地理因素的差异,例如水资源和矿产资源等自然资源丰富的地方,以及大港口附近通常会成为工业集聚的中心地区。新经济地理学则认为,工业集聚最为本质的力量在于收益递增,其核心思想是,即使两个地区在自然条件方面非常接近,也可能由于一些偶然的因素(例如历史事件或具有偶然性的政策调整)导致产业开始在其中一个地方集聚,由于经济力量的收益递增作用,在地区间交易成本没有达到足以分割市场的条件,就可能导致工业的集聚(Krugman,1991)。

际的工业 GDP 份额分布图(参见图 3.1 和图 3.2)[1],图中数据均来自相关年份的《中国统计年鉴》,作图所用软件为 MapInfo7.0。从中我们可以直观地看到中国省际层面这 20 余年间工业集聚的过程。

图 3.1、图 3.2 描绘的各省工业比重分布状况显示,1978 年中国大陆省际工业的地理分布仍然具有一定程度的分散化现象,具体表现在:(1)东部沿海地区部分省份和中部地区很多省份的工业份额较低,没有超过 4.4%。(2)东北三省的工业重要性非常显著,合计工业份额占全国的 18.43%。特别是辽宁一枝独秀,工业份额超过 9.66%,仅次于上海。(3)甘肃和陕西这两个西部省份的工业份额超过了 2%,还没有表现出与其他省份之间的巨大差距。(4)三大直辖市尽管面积较小,但工业份额并不低。北京和天津的工业份额分别为 4.37%和 3.38%,上海的工业份额则位居全国第一,达到 12.91%。

相比之下,到了 2006 年,中国大陆省际工业布局已经发生了非常重大的变化。与 1978 年的工业布局特征相对照,不难发现,中国大陆省际工业集聚趋势非常明显,具体表现在:(1)东部沿海地区工业份额有显著的上升,其中广东、江苏和山东三省工业比重分别达到 13.69%、12.17%和 12.66%,浙江的工业份额达到了 8.31%,福建的工业份额从 1978 年的 1.48%上升至 2006 年的 3.63%。(2)东北三省的工业地位明显下降。辽宁的工业比重已经下降到 4.57%,黑龙江和吉林的工业份额分别下降到 3.34%和 1.82%。(3)西部省份的工业份额总体上有所下降,仅四川(含重庆)的工业份额略有上升。(4)三大直辖市的工业份额明显下降,上海的工业份额为 5.11%,北京和天津的工业份额均已低于 2.6%。总体而论,中国省际层面这 20 余年间工业集聚的趋势还表现在,1978 年工业份额超过 9%的仅有上海和辽宁,而工业份额低于 1.3%的省份有 9 个。到了 2006 年,工业份额超过 9%的省份变成了 3 个,而工业份额低于 1.3%的省份增加到 11 个。

---

① 需要特别说明的是,本书所绘制的简略地图属于示意图性质,没有包括南沙群岛等海域,如涉及领土主权情况,请查阅国家主管部门审订出版的中国正式地图,本书所绘简略地图仅为学术研究提供参考。

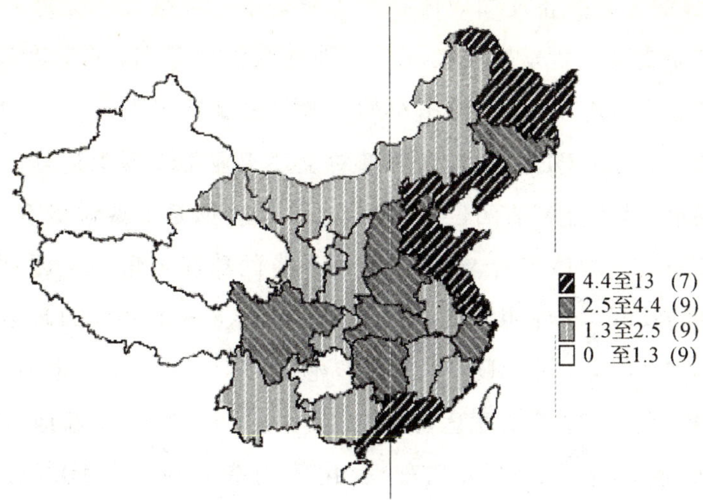

图 3.1 1978 年各省工业比重分布

注:1978 年海南省和台湾地区没有数据。

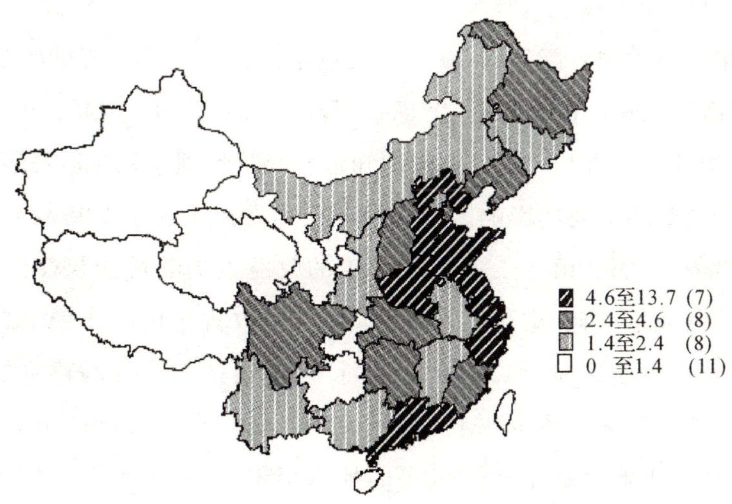

图 3.2 2006 年各省工业比重分布

注:2006 年台湾地区没有数据。

中国省际层面 20 余年工业集聚的上述特征性事实再次印证了新经济地理理论所阐述的工业集聚趋势,即地理位置和历史优势是集聚的起始条件,规模报酬递增和正反馈效应导致了集聚的自我强化。改革开放以来,中国省际工业集聚主要发生在长江三角洲和珠江三角洲,在环渤海地区,虽然辽宁的工业份额有所下降,但山东的工业份额却明显上升[①]。金煜等(2006)从中国省际工业GDP份额排名角度对上述工业集聚现象进行了分析,他们的研究揭示,尽管排名前四位的省份有所变化,但是前四位的省份全都属于上述三大地区。具体来看,作为仅有一个省的珠江三角洲地区,由于依托香港工业的转移和香港自由贸易港的优势,再加上改革开放的政策支持,工业增长强劲,2006年工业GDP占全国工业GDP的27.75%。长江三角洲地区工业门类齐全,轻重工业发达,是中国最大的加工制造业基地,历史上其纺织、服装、机械、电子、钢铁、汽车、石化等制造业在全国就占有重要地位。Wen (2004) 计算了1995年25个工业行业中占最高和第二高份额的省市区,长江三角洲的江、浙、沪大约达到总数的一半。2006年,长江三角洲的三省市实现工业GDP 23370.92亿元,占全国工业GDP的25.59%,远高于环渤海地区(13.69%)[②]。

如果要对中国省际层面20余年工业集聚作进一步的影响因素分解,在新经济地理学框架下,我们可考虑以下几个重要因素:(1)交通运输条件。根据Krugman (1991) 的模型,我们知道新经济地理学将交通费用视为影响工业集聚的最为重要的影响因素。只要交通费用不至于高到成为地区间贸易的天然障碍,那么由于工业集聚产生的收益就仍然可能超过由于地区间贸易产生的成本损耗,集聚就会产生,并且在收益递增的作用下自我加强。(2)一个地区企业的数量。企业的数量多,产业链的合理构建可能性就大,新进入企业就容易得到原材料的供给,同时他们生产的产品也更容易在当地销售,所以工业会在企业数量多的地方集聚。(3)一个地区的人力资本。人力资本水平高,新进入企业就容易招聘到所需要的人才,同时,高的人力资本意味着R&D的成本低,企业容易获得创新收益。(4)消费者的购买力。

① 本文所指的长江三角洲包括了江、浙、沪;珠江三角洲包括了广东;而环渤海地区则包括了北京、天津、河北、辽宁和山东。

② 根据《中国统计年鉴2007》相关数据计算得到。

如果一个地区消费者的购买力强,那么对于消费品的需求就会多,这会导致本地消费品价格的上升,吸引企业进入这一市场。同时企业在本地的集聚也导致了工资的上升,消费者的购买力进一步提高,从而产生地区工业发展的良性循环。

3.3.2　区位差异与区域经济整合

本书 2.2.1 归纳了新经济地理学解释区域市场整合过程中的制造业集聚机制的文献观点,相关研究显示,新经济地理学区别于传统经济地理学的地方在于,新经济地理学引入了规模递增假说,从理论上讨论了规模报酬递增和正反馈效应对集聚的自我强化机制。而在传统的经济地理理论中,工业集聚最原始的动因在于不同区域之间的区位差异,例如水资源和矿产资源等自然资源丰富的地区,以及大港口附近通常会成为工业集聚的中心地区。在中国,基于自然资源优势和交通便利条件的工业集聚例子也是存在的,例如,中国的东部沿海省份之所以逐步成为工业集聚的中心,其不可比拟的优势就是距离大的港口比较近;而辽宁和山西则是依靠自然资源成为工业中心的典型例子。但是,传统的经济地理学不能解释两个重要的经济现象:第一,一些在纯自然条件方面并不一定非常有优势的地方却成为了工业集聚的中心。例如,浙江的温州地区,既无良好的自然资源禀赋,又无便捷的海运和空运优势,但却成为中国工业集聚进程中不可忽视的案例。第二,两个自然条件方面非常接近的地方却可能在工业集聚上有非常不同的绩效表现。例如,中国南部相邻的广东和广西,区位差异不显著,但工业集聚状况却相差很大。

超越简单的经济地理因素寻找工业集聚的原因促成了新经济地理学的崛起,而对新经济地理学产生直接影响的就是 20 世纪 70 年代末开始兴起的新贸易理论。新贸易理论引入了收益递增假定,强调规模经济在国际贸易模式中的决定作用。收益递增假说在贸易理论里获得成功应用之后,紧接着就对经济地理学产生了深刻的影响,新贸易理论的代表人物 Krugman 也同时成为新经济地理学中的代表人物之一。新经济地理学抓住了导致工业集聚的最为本质的经济力量——收益递增,指出由于经济力量的收益递增作用,在地区间交易成本没有大到足以分割市场的条件下,就可能导致工业的集聚。

由此可见,区位差异对经济整合的影响机制是通过经济地理因素和新经济地理因素共同发挥作用的①。本书3.3.1已指出,中国大陆省际层次经济整合的现状在很大程度上体现在省际的工业集聚上。因此,区位差异对中国大陆省际经济整合的作用机制,可以通过工业集聚影响因素的分解给予理论解说。金煜、陈钊和陆铭(2006)根据面板数据的特征和需要检验的三类因素的作用,将工业集聚的影响因素用如下形式的计量模型予以表达:

$$Y_{it}=\alpha_0+\alpha_1 X1_t+\alpha_2 X2_{t,t-1}+\alpha_3 X3_{t,t-1}+\varepsilon_{it} \tag{3.9}$$

其中,Y_{it}表示的是各年度各个地区工业产值占当年全国总的工业GDP的比重,这是度量工业集聚的变量,也是Wen(2004)度量工业集聚的变量。一个地区的工业份额上升了,就说明在这个地方发生了工业集聚。$X1$表示经济地理因素的向量;$X2$表示新经济地理因素的向量;$X3$表示经济政策因素的向量②。由于新经济地理因素和经济政策因素随着时间的变化而发生变化,可通过对变量作滞后一期的处理,使这些解释变量成为被解释变量被观察到之前已经被决定的变量(predetermined),以减少模型的联立性偏误。α_0表示常数项;α_1,α_2和α_3表示变量的系数;ε_{it}表示残差。

就经济地理因素向量$X1$而言,大多数研究中国地区差异的文献都使用了沿海或内地的虚拟变量,由于无论是地理和历史条件还是改革开放后的政策倾向都有利于沿海地区工业的发展,而中部和西部的差异则并不特别显著,因此可以预期沿海地区的虚拟变量对于工业向沿海集聚有正的影响。三大直辖市(由于重庆的数据不完整,大多数研究所指的直辖市是北京、天津和上海)的经济功能与一般的省区相比有明显的不同,它们更多地承担着

① 需要指出的是,新经济地理学的产生并没有否定一些传统的经济地理因素的影响。事实上,一些地理因素的影响在新经济地理学的理论中变成了间接的影响,这种纯经济地理因素可以导致初始的工业集聚,然后再通过新经济地理因素的收益递增影响而对工业集聚产生作用。

② 关于经济政策因素与工业集聚,乃至与市场整合的作用机理,本书将在3.3.3中给予经济学解释。

政治中心、航运中心或者服务业中心的功能,大都市经济的特殊性在一定程度上会排挤它们作为制造业中心的功能,所以可以预计这一变量的影响是负的。

就新经济地理因素向量 $X2$ 而言,以 Henderson(1974),Fujita (1988) 和 Krugman(1991) 为先驱的新经济地理学,引入了规模报酬递增和正反馈效应,从而挑战了新古典的传统[①]。Henderson 一方面强调了企业前后向关联导致的产业外部性使企业集聚在其他企业周围,另一方面强调了企业集聚在人力资本丰富的地区所得到的知识外部性;而 Krugman 通过垄断竞争模型强调了企业集聚在消费者市场附近得到的需求联系;Fujita (1988) 通过存在不可贸易商品的模型,得到了同样的证明。为了检验这三种不同的包含收益递增的因素,金煜、陈钊和陆铭(2006)构造了以下指标:(1)地区企业数量比重(firm) 衡量产业外部性。(2)地区人口平均受教育年限与各年全国均值之比(edu)代表人力资本的相对优势,由于国家统计局公布的地区教育数据不完全,可使用万广华等(Wan, Lu and Chen, 2004)估计的地区人均受教育年限数据。(3)地区消费者需求,可用人均 GDP 的对数值与各年全国均值之比(pergdp) 来度量一个地区消费者的相对购买力。(4) Wen (2004) 使用了城市数指标来度量城市的发展,但是这较难衡量各个城市本身的发展状况,因此可以考虑采用陆铭和陈钊(2004)的方法,用非农人口比重与全国均值之比来代理城市的发展和城市化水平,并取其与各年全国均值之比作为一个地区的相对城市化水平(urban)。(5)邮电通信和交通运输条件的改善有助于降低交易成本,因此也有利于工业集聚,为了证实这一点,我们引入了运输仓储邮电通信产出占 GDP 百分比来度量信息化对工业化的支持,并且取其与各年全国均值作为各地相对的信息化指标(com),同时,可以用地区的公路里程占全国的比重(road) 来代理相对的交通运输条件[②]。

---

① 尽管新古典的开创者马歇尔论述了外部经济和产业的地方化,但被模型化的新古典经济学理论仍然是建立在收益递减假说之上的。

② 金煜(2006)等之所以没有用铁路数据,是因为可得的铁路数据明显存在原因不明的异常波动。

就经济政策因素向量 $X3$ 而言,大多数研究将时间界定于改革开放之后,Démurger(2002)特别强调了改革开放以来的经济政策对区域市场整合的作用。从大陆省际层面的经济整合角度出发,我们可以考虑两个方面的政策因素:(1)政府对经济的参与度。计划经济体制下资源的配置是低效率的,这是一个客观事实。因此,政府退出经济活动将有利于工业的集聚。在实证研究中,通过用扣除教育和国防经费的政府支出占 GDP 的比重来度量政府消费所起的作用。(2)对外开放度。对外开放是经济改革以来最为重要的经济政策,这一政策波及范围的差异在一定程度上导致大陆省际经济整合的差异。在实证研究中,一般用出口占 GDP 比重和进出口总额占 GDP 比重与相应的全国均值之比(export 或 trade)来度量相对的经济开放程度。

3.3.3 政府政策与区域经济整合

尽管新经济地理学的理论进展迅速,但相应的实证研究却比较滞后。既有的研究仅将焦点集中在检验新经济地理因素对工业集聚的作用,但却忽视了其他因素如经济政策的作用,而政策因素在增长理论和区域经济理论的实证检验中已被证明是非常重要的。

本书在解释大陆省际经济整合时专门对政策层面予以解释,除了出于新地理学分析框架的考虑外,还因为中国是一个在疆域和人口双重意义上的“大国”,这意味着中央政府对地方政府的监督面临着极高的成本。迄今,中国经济转型的成功很大程度上要归功于中国在经济领域的分权式改革。Qian 和 Roland(1998)对这种分权式改革的一般经验解释是:对经济转型而言,最重要的可能不是“做对价格”(getting prices right),因为在市场不完备的时候,根本就不可能存在正确的价格;更重要的可能是“做对激励”(getting incentives right),因为激励机制是经济发展中更为深刻的主题,价格机制不过是激励机制的一种方式而已。分权式的改革不仅强化了中央政府对国有企业的预算约束,而且还促进了地区之间的竞争。中国的 M 型经济结构(资源按照“块块”来配置)使得经济可以在局部进行制度实验,地区之间的标尺竞争为中央政府提供了反映地方政府绩效的有效信息,并且使得经济体更容易抵抗宏观冲击。

在已有的研究中,关于政策对区域经济整合的作用,尤其是分权式改革的好处,国际经济学界基本上已经达成了共识,最为经典的是建立在新软预算约束理论(Dewatripont and Maskin,1995)基础上的财政联邦主义理论和建立在M型组织和U型组织理论之上的解释(Qian and Roland,1998;Qian, Roland and Xu, 1988;Qian, Roland and Xu, 1999;Qian and Weingast,1997)。这些文献的一个基本观点是,经济结构(如分权程度和整个经济体的组织结构)造成了中国区域间经济改革绩效的巨大差异。王永钦等(2007)指出,上述理论固然可以较好地解释分权是如何促进地方政府的竞争,从而促进经济增长的,但是,它们却不是一个完全的分权理论。一个完全的分权理论应该不仅能够分析分权体制下地方政府获得的正面激励(分权的收益),也应该能够分析分权体制下地方政府有损社会目标的负面激励(分权的成本)。从中国目前的情况来看,这些负面激励导致的影响正在日益凸现,并且集中表现在三个方面:(1)城乡和地区间收入差距的持续扩大;(2)地区之间的市场分割;(3)公共事业的公平缺失。虽然已经有一些国内外的实证文献研究了分权化改革带来的某些扭曲,但是还没有一个理论系统地论述分权化改革的成本。

3.3.3.1 经济分权与大陆省际层面收入差距扩大的经济学解释

中国经济改革开放以来所付出的一个代价就是收入差距的持续扩大,特别是构成收入差距的主要部分的省际收入差距正在扩大(陆铭、陈钊,2004;Lu and Chen, 2006;万广华、陆铭、陈钊,2005)。如果追根溯源的话,省际间的收入差距都在一定程度上与经济分权体制有关。省际间收入差距与经济(财政)分权的联系是非常易于理解的。由于经济增长的主要来源是城市部门,因此地方政府存在着优先发展城市、更多考虑城市利益和实施城市倾向的经济政策的激励。不少文献都指出,中国1978年改革开放以后伴随着经济快速增长而出现的省际间收入差距加剧现象,与中国政府实施的城市倾向的经济政策有关(Yang,1999;Chen,2002;陆铭、陈钊,2004;Lu and Chen,2006)。陆铭、陈钊(2004),Lu和Chen(2006),以及陆铭、陈钊、万广华(2005)用中国省际面板数据全面地考察了城市倾向的经济政策对城乡收入差距的影响,发现中国改革以来的一系列经济政策(如经济开放)都使得城市部门获益更多,具有扩大城乡收入差距的作用。其中,政府财政支出中用于支持农业生产的支出的比重——这个指标的下降可以代表地方政府政策的城市倾向——增加可以显著地缩小城乡收入差距,但从趋势上来看,这一比重却在急剧地下降。

大陆省际层间收入差距的扩大也与财政分权体制有一定的联系(王永钦等,2007)。在财政分权体制下,地方政府之间进行着发展经济的竞争。张晏和龚六堂(2006)对中国财政分权与经济增长关系的实证研究发现,东部地区和发达地区更能获得财政分权的积极效应,而在中西部地区,财政分权对经济增长的影响不显著或为负,这种财政分权效应的地区差异也加剧了地区差距。由于中国总体上来说是资本相对不足,所以各个地区之间展开了吸引外资的竞争。在这场地区间吸引外资和发展外向型经济的竞争中,东部地区特别是长江三角洲、珠江三角洲和环渤海三大地带获得了更多的外资和国际贸易份额,在经济发展方面获得了更好的绩效(Démurger et al.,2002;Zhang and Zhang,2003;Kanbur and Zhang,2005;万广华、陆铭、陈钊,2005)。

3.3.3.2 省际层面的市场分割、重复建设的经济学解释

王永钦等(2007)对省际层面的市场分割、重复建设问题进行了很好的归纳。在财政分权体制下,地方政府拥有发展地方经济的激励。从地方政府的行为逻辑来看,导致地方保护主义和分割市场的原因至少有以下两个方面:第一,在计划经济时期形成的地区间资源误配置已经成为事实,在市场经济体制下,违反地方比较优势的产业和企业是缺乏竞争力和自生能力的(林毅夫,2002),而这些产业和企业在改革开放以后仍然拥有大量的就业岗位,创造着地方政府的财政收入,因此,通过分割市场来保护本地企业就成了地方政府的理性选择(林毅夫、刘培林,2003)。第二,很多产业(特别是具有一定技术含量的成长性产业)都存在着由“干中学”机制所导致的收益递增性。因此,一些没有比较优势的地区如果能够较早地发展这些产业,在

理论上就可能获得两种效果:一方面,如果当地的学习速度足够快,就可能实现在这些产业上的追赶,经过一定时期的发展,可能逆转地区间的比较优势;另一方面,即使追赶不能实现,当地也能够提升本地的经济独立能力,从而提高未来分享地区间分工收益时的谈判地位,获得更多地区间分工的利益。在这样的机制下,各地都会争先恐后地发展一些所谓的战略性产业,从而造成一轮又一轮的重复建设(陆铭、陈钊、严冀,2004)。

早期的研究发现,中国大陆市场并没有在改革过程中走向整合,相反却存在着严重的市场分割的迹象(Young, 2000; Poncet, 2002, 2003)。这些研究引起了很多争议。近年来,越来越多的研究发现,从总体上来说,中国国内市场是在走向整合的(Naughton, 1999; Xu, 2002;白重恩等,2004 ;桂琦寒等,2006)。尽管如此,但几乎没有人否认,中国的财政分权体制为地方政府采取市场分割和地方保护主义政策提供了激励,并造成分工的低效率和社会产出的损失(陆铭、陈钊、严冀,2004)。同时,国内市场的分割也使得中国经济增长难以发挥中国经济本应具有的规模经济优势。近来的一项研究还认为,由于国内市场分割严重,使得国内企业纷纷转向国际市场,借助于出口来扩大市场规模(朱希伟、金祥荣,2005),这就是中国国内经济的规模经济优势未得到应有的发挥的一个体现。

3.3.3.3 省际层面经济整合之地方政府行为的经济学解释

对于一个大国而言,实施财政分权体制之所以重要,一个非常突出的原因就是利用地方政府之间的竞争提高地方公共品提供的效率。由于中央政府难以掌握地方政府提供公共品的效率的有关信息,也不了解当地居民的偏好等信息,有效的地方公共品提供方式就是让地方政府去提供当地的公共品。在这样的分权机制下,看上去地方政府是公共品的垄断者,难以保证公共品提供的效率,但是在居民可以自由搬迁的机制下,实际上居民可以通过“用脚投票”的机制来形成地方政府之间的竞争,从而保证地方公共品的提供效率(Tiebout,1956)。

以教育为例,如果地方政府不把当地的学校办好,大家就会搬离这个地方,于是当地的房地产价格就会下降,当地的人力资源和经济增长也会相应地受影响。因为居民对于居住地的自由选择,以及房地产市场的存在,地方政府的教育投入和质量通过房地产市场被“资本化”了。在中国,虽然政府没有将财产税作为教育财政的收入,但居民通过变换居住地来选择教育并影响房价的机制同样存在,至少在同一个城市的不同区之间,甚至在不同省区之间变换居住地都是比较自由的,对于高收入者来说更是如此。而房地产价格仍然影响着土地批租收入和房产交易税,也影响着当地居民的收入和受教育水平,这些都会直接或间接地影响地方经济的发展和地方政府的收入。来自美国的经验研究发现,教育财政集权的确对提高教育的生产效率不利(Hoxby, 1995 ; Peltzman, 1993, 1996) 。但是,中国省际间在缺乏适当的机制设计和中央政府的适度干预的情况下,产生了基础教育投入的地区和城乡间不平衡,于是优质教育资源(如优秀的老师)也在收入的吸引下向经济发达地区和城市聚集。在劳动力不能完全自由流动的情况下,这也加剧了教育的群分和教育机会的不平等现象(丁维莉、陆铭,2005) 。

上述不平等现象除了有碍公平以外,在人力资本生产上也是没有边际效率的,同样的资源在边际上如果能够更多地投向低收入家庭中的高能力孩子,显然将提高社会总的人力资本积累,有利于经济可持续增长的实现。同时,教育机会的不平等也将进一步加剧社会的阶层分化,并有可能使某些特殊的人群始终处于社会的底层,成为社会难以医治的痼疾。在美国,一些大城市内部贫民窟的社会问题与教育群分现象联系紧密,一些低收入的家庭(特别是黑人家庭) 难以让他们的子女获得优质教育资源,已经形成了低收入一低教育一低收入的恶性循环。这也从一定程度上对大陆省际区域经济整合过程中地方政府行为绩效给予了部分解释。

3.4 中国区域经济整合:从“泛一体化”机理系统的考察

与“大中国”经济区的经济整合不同,大陆经济三个层次的区域整合,尤其是第二个层次即沿海三大工业化区域的经济整合,涉及的论题多半属于行政区之间的政策协调和制度改革问题。作为转型经济,区域经济之间整合的障碍主要由区域制度转型差异而生。对于此类经济的区域整合,显然不能照搬国际经济学的一体化理论。但这并不是说,一体化经济学的分析范式不具有借鉴意义。事实上,如果抛开一体化经济学的关税区、货币区差异,许多分析范式尤其是分析与测度工具,略作新的界定也可用以分析大国内部的区域经济整合。事实上,国内已有这方面的尝试。但值得注意的是,近年国内学界有套用国际经济学之一体化理论概念和方法于中国区域经济整合现象的倾向,甚至有人将其视为“约定俗成”,将此“一体化”混同于彼“一体化”。客观地说,如果不加界定,不对区域限定条件加以修改,很难直接将一体化理论用于分析中国大陆内部的区域经济整合问题。

通过本书第二章的文献整理和第三章的前述分析,中国区域经济整合之“泛一体化”分析架构可尝试性地表述为图 3.3 所揭示的内容:第一,就中国区域经济整合这一问题,从现状描述的宏观视角可依据中国独特的“一国两制”国情将对象描述为“大中国”区层次和大陆省际层面两类。两者之间的区别维度可参见表 3.1 的阐述。第二,就理论基础而言,国际经济学的一体化理论可以用来解释“大中国”区层次的经济整合,经过前提条件修正也

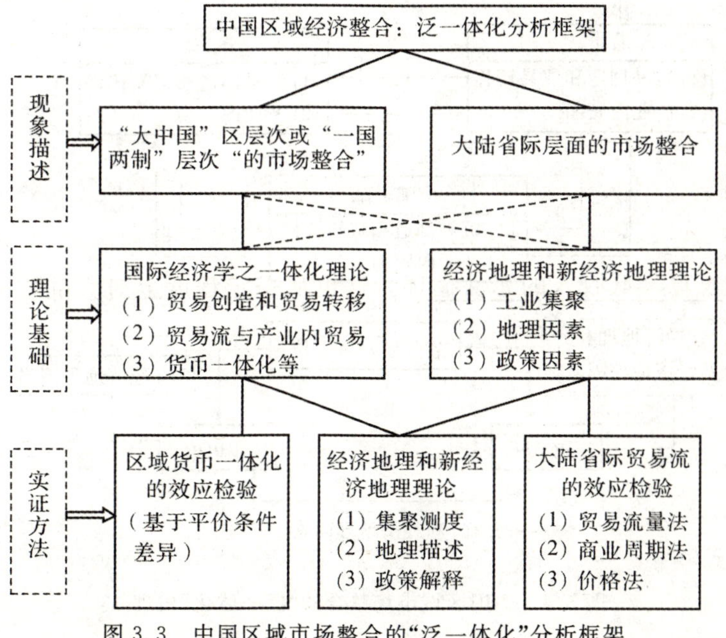

图 3.3 中国区域市场整合的“泛一体化”分析框架

可部分解释大陆省际层面的经济整合。经济地理和新经济地理理论对分析大陆省际层面的经济整合已经被学术界广泛运用,其中的部分理念经过约束条件的界定也可部分解释"大中国"区层次各经济体内部的一些现象。第三,就实证方法而言,国际经济学的货币一体化理论在平价条件下用于检验"大中国"区层次的货币一体化具有可操作性,而省际层面的贸易流效应检验也已被学术界广泛运用。经济地理和新经济地理理论的实证方法对"大中国"区层次和大陆省际层面的区域市场整合都具有适用性。

作为对图 3.3 的分析框架的进一步解说,中国区域经济整合的"泛一体化"机理系统描述是必要的。结合本章前述内容,这一机理可用图 3.4 予以简单归纳。在"大中国"区层次的市场整合中,大陆与港澳之间、大陆与台湾之间,以及港澳与台湾之间的贸易往来的现实基础是:制度差异大(港澳与台湾之间略小)、有关税壁垒存在、货币运行不同和经济政策不一致,因此对这一层面的市场整合的机理可借助国际经济学的一体化理论范式加以审视。

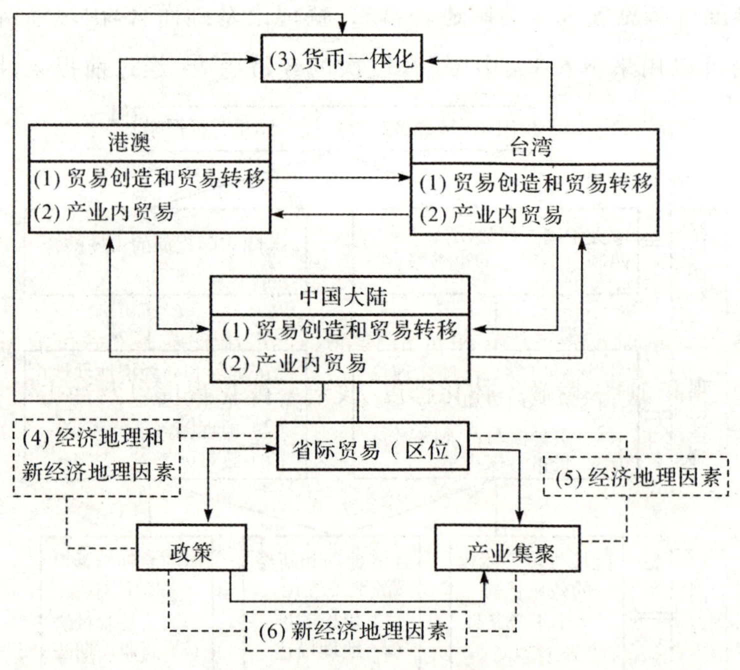

图 3.4 中国区域市场整合的"泛一体化"机理

图 3.4 中的(1)代表大陆与港澳之间、大陆与台湾之间，以及港澳与台湾之间在不同关税体制下的贸易往来，有贸易创造和贸易转移带来的效应。具体来说，经济体内成本高的产品被其他成员体低成本产品所代替，原来由本经济体生产的，现在从其他经济体进口，新的贸易得到“创造”。由于从成员体进口成本低的产品代替原来成本高的产品后，该经济体就可以把原来的生产成本高的资源转向生产成本低的产品，从而获得利益。与此同时，如果三个经济体间达成对外统一关税率，对第四方的歧视导致从外部进口减少，转为从成员体进口，这就会产生贸易转移。由于从原来的第三方进口成本较低的产品改为从成员体进口成本较高的产品，这会造成一定的损失。

图 3.4 中的(2)代表大陆与港澳之间、大陆与台湾之间，以及港澳与台湾之间的贸易往来所引致的产业内贸易。本书 3.2.3.2 中提及：撇开对“大中国”区内的贸易创造和贸易转移效应的度量，对这一层面的市场整合所带来的贸易扩张和贸易条款效应，以及成本递减和贸易抑制效应的检验就会涉及贸易流和产业内贸易。如果三个经济体区内贸易扩大的来源主要是产业内贸易，那么参与区域经济合作的成本就比较低。通常情况下，IIT_i 越接近 1，“大中国”区内的产业内贸易程度越高；IIT_i 越接近 0，“大中国”区内该产业越表现为产业间贸易现象。

图 3.4 中的(3)代表大陆与港澳之间、大陆与台湾之间货币一体化趋势。两岸四地间的货币一体化是否最优取决于其能否满足最优货币区的标准——生产要素流动性、工资和价格弹性、经济开放度、产品和消费的多样性、通货膨胀相似性、财政一体化程度、政治一体化程度以及冲击对称性等，具备上述特征可以减轻经济冲击对货币区各成员产生的不对称影响，或者有助于内外均衡的恢复，从而降低经济体对名义变量调整(包括货币供给和汇率)的依赖。已有的研究表明，“大中国”区层面的供给冲击弱相关，但是大于需求冲击和货币冲击的相关度。所以可以说，“大中国”区层面在实际经济变量上呈现相对更强的相关性或对称性；需求冲击呈现的负相关证明在短期名义波动上“大中国”区层面有相当程度的不对称性，反映了“大中国”区层面的经济结构、规模的差异性；在市场化程度方面，大陆要远落后于

香港,这会对货币一体化形成一定的阻碍。比较而言,大陆与香港之间的供给冲击具有一定的对称性,而大陆与香港之间的需求冲击和货币冲击具有不对称性。

大陆省际市场整合的现实基础是,制度差异极小,不存在关税壁垒,货币是统一的,政策差异较小,因此对这一层面的市场整合的机理可借助经济地理和新经济地理的理论范式给予审视。图 3.4 中的(4)表示省际市场整合的经济政策制定并不是偶然的,而是国家本身就受到一些经济地理和新经济地理因素的影响。例如,改革开放之初,经济特区和经济开放城市的设置主要是针对沿海和沿江地区的,原因就是希望这些地区在获得特殊政策后能够发挥经济开放政策的作用。再比如,西部大开发战略的提出是由于政府认识到广大的西部地区在地理条件上的不利,从而有必要采取一些政策抵消由于地理条件造成的地区间差异。所以,政策的制定和实施与区位因素之间有互动的关联。

图 3.4 中的(5)表示省际市场整合中的区位对产业集聚的直接作用。在大陆,由于自然条件比较好而导致产业集聚的例子是存在的。例如,长江三角洲和珠江三角洲之所以逐步成为产业集聚的中心,其不可比拟的优势就是距离大的港口比较近。长江以南地区的产业集聚可能与水资源较为丰富有关,而辽宁和山西则是依靠矿产资源成为工业集聚中心的典型例子。需要说明的是,省际层面的区域经济整合就区位因素而言,对经济地理因素和新经济地理因素的理论解释需分别考虑。就经济地理因素而言,可考虑沿海地区和内陆地区两个维度的因素;就新经济地理因素而言,需要考虑地区企业数量比重、地区人口平均受教育年限与各年全国均值之比、地区消费者需求、城市化水平和交通运输条件等因素。

图 3.4 中的(6)表示政策对产业集聚的作用。一项政策一旦实施,就有自增强作用下的路径依赖特征,有些经济政策的调整甚至也可以被作为一种偶然因素,而经济发展过程中的偶然因素往往也具有收益递增的性质(Arthur, 1989)。例如,人们普遍观察到中国存在较为严重的省际市场分割和地方保护主义,有时地方政府甚至直接投资工业开发区的建设和工业项

目。在这些政策下,地方政府力图通过干预政策加快地区产业的发展,在短期有正面的推动作用,但从长期来看,保护主义政策可能还是抵挡不过市场竞争的力量,结果反而可能增加地方经济的负担。

上述对中国区域经济整合的“泛一体化”机理的表述尽管在理论逻辑上还有待于进一步完善,但作为对问题的尝试性探讨,这一机理可对本书后续部分的实证检验提供一个操作思路。

3.5 本章小结

本章从研究对象的界定、适用理论的归类和整理、实证检验方法的梳理等角度出发,对中国区域经济整合的“泛一体化”进行了理解性的分析,这些分析主要是基于从港澳台和大陆的不同分析视角来展开的,并对它们之间经济整合的机理在不同层次上进行了理解。本章的分析倾向是赞同新经济地理学有关报酬递增和正反馈效应等对工业集聚的解说,认为“大中国”经济区的构建,不能局限于对地理区位的解说,而是要更多地考虑运用新经济地理学来研究中国的区域经济整合。显然,本章的分析为后面章节的实证检验打下了基础。

构建大中国区域市场,分析视角只是对问题的一种可能性研究提供决定路径正确与否的方法,它并不能对问题的认识和解决提供理论说明。为此,本章比较注重在对中国区域市场多层次性分析的基础上,展开对港澳台与大陆之间经贸往来的机理研究,分层次地研究了它们在不同政治经济制度和不同关税、货币背景下的贸易转移、贸易创造等的机理构成,并对各自的产业内贸易机理进行了一定程度的说明。本章针对这种存在机理的市场整合,以工业集聚、区位差异以及政府政策与市场整合的关联分析为基础,对将来有可能推进的“大中国”经济区的单一关税乃至于单一市场,提出了三个承上启下的问题:

第一,区域经济整合的效应。即大陆与港澳台单一市场计划对两岸四地的经济效应,尤其是贸易福利效应。事情非常清楚,单一关税区或单一市场,必须能最大限度地同时增加两岸四地的国民福利,达到多方"共赢"的结果。否则就无法最大限度地激励各方积极地去启动和推进这样的一体化进程。

第二,区域经济整合实施方式的安排。最关键的是对外贸易政策制定权限的分配。历史与现实的国际关税同盟,实施过的贸易政策权限配置模式有二:一种是大经济实体主宰小经济跟进模式;另一种是成员共同协商。客观地说,"大中国"经济区的关税整合乃至未来单一市场的启动,首先遇到的就是这个问题,在确定外部关税壁垒水平与形式时,谁说了算?简单的做法是共同协商,然而在各经济实体之间实力差距悬殊、产业竞争力不一、政治决策机制彼此有别的情形下,共同协商的决策效率首先值得怀疑。此外还需面对非对称博弈困局。而非对称的博弈能否促成一种合作博弈格局,在何种约束条件下会出现合作博弈格局,如何平衡合作博弈下的"先行者占优"问题,诸如此类问题,都值得预先予以深入研究。

第三,区域经济整合的外部效应。前已论及,区域经济一体化的外部性是两可的。两岸四地的经济整合与单一市场,如若能够最大限度地增加周边国家以及主要贸易伙伴的福利,无疑会得到国际社会的有利支持,否则将可能受到来自外部的阻挠、干扰乃至破坏。前已论及,区域经济一体化外部性在很大程度上与区域一体化的包容性联系在一起。对我国来说,现实的问题是,在启动和推进大中国区域经济整合的同时,不仅须兼顾与东盟、韩国以及南亚国家的自由贸易区建设问题,而且还须考虑两岸四地主要贸易伙伴的利益。这些问题是我们整合"大中国"经济区时必须认真考虑的。

4 “大中国”经济区层次的市场整合:实证检验

以上有关中国区域经济整合的分析,是对这种经济现象的一种理论概括,显然,这种概括解说的分析延伸是为实证检验奠定基础。本书在1.1中已经指出,“大中国”经济区属于不同关税区、不同货币体系的区域经济,整合的侧重点在于市场整合。基于这样的逻辑安排,本书第三章考察了“大中国”经济区层次的市场整合机理,且分别就大陆和港澳、大陆和台湾的区域市场整合机理进行了理论解说,本章以此为基础,对“大中国”经济区层次各经济体间的市场整合实践进行经验描述和实证检验。

4.1 贸易流动效应

4.1.1 计量模型和变量选择

本书在3.2.3中已经指出,当我们将“大中国”经济区的四个主体看成是存在着一种准关税同盟的研究对象时,Viner关于贸易创造和贸易转移效应的学说无疑给我们研究区域市场整合提供了某些帮助,我们在借助Viner理论的同时,可依据Balassa(1961)模型,对“大中国”经济区内的这些效应展开检验。概括而言,Balassa模型是以区域贸易合作前的进口需求收入弹性固定不变,而区域贸易合作必然会引起进口需求收入弹性的变化为基本假设前提的，该模型通过区域贸易合作前后的进口需求收入弹性的变化，说明了区域贸易合作的贸易创造效应和贸易转移效应。对该模型的通常理解是，区域内贸易进口需求收入弹性的增大，意味着总贸易创造；区域外贸易进口需求收入弹性的减小，则表明总贸易转移。Balassa 模型的公式为：$M=aY^bu$，M 为进口值，Y 为国内生产总值，a 为一常数，u 为模型误差，b 为进口需求收入弹性。将方程两边同时取对数得：

$$\ln M=a+b\ln Y+u \tag{4.1}$$

我们可以将式(4.1)进一步转化为 3 个方程：

总进口方程：

$$\ln MT=a_t+b_t\ln Y+u_t \tag{4.2}$$

区域内进口方程：

$$\ln MI=a_i+b_i\ln Y+u_i \tag{4.3}$$

区域外进口方程：

$$\ln ME=a_e=b_e\ln Y+u_e \tag{4.4}$$

MT、MI、ME 分别代表总进口值、区域内贸易进口值和区域外贸易进口值。值得说明的是，由于 CEPA 实施时间不长，我们只能计算较少时段的进口需求收入弹性，而对以上各方程中的 a，u 等值可暂时忽略，于是上述诸等式可简化为：

$$\ln MT=b_t\ln Y;\ \ln MI=b_i\ln Y;\ \ln ME=b_e\ln Y \tag{4.5}$$

当区域贸易合作后的 b_t 和 b_i 都大于合作前的水平，则存在着 Viner 理论中的净贸易创造，即在区域内部实行自由贸易后，成员体 A 内成本高的产品将被成员体 B 内成本低的产品所代替。原来由成员体 A 生产的产品，现在有可能从成员体 B 进口，从而新的贸易得到了"创造"。同时，由于从成员体 B 进口成本低的产品代替原来成本高的产品后，成员体 A 就可以把原来的生产成本高的资源转向生产成本低的产品生产，从而获得利益。当区域贸易合作后的 b_i 大于合作前的水平，而 b_e 小于合作前的水平时，则存在着 Viner 理论中的净贸易转移，即由于区域内经济体对外实行统一关税率，对第三方的歧视会转变为从成员体进口以实现从外部进口的减少，这就产生了贸易转移。这种情形会产生以下效应:由于从原来的第三方进口成本较低的产品改为从成员体进口成本较高的产品,这会造成一定的损失。关于这种状况,我们可以通过“大中国”经济区的历史数据展开以 Balassa 模型为现实背景的实证分析。

4.1.2 数据选取和回归结论

以 2003 年 9 月内地与香港 CEPA 附属文件的签订为分界线,本章对 2002 年 10 月—2003 年 9 月、2005 年 10 月—2004 年 9 月,大陆与港澳台的进口需求收入弹性进行考察。所需数据来源于亚洲开发银行、香港贸易发展局网站和澳门特区统计暨普查局网站,列表如表 4.1 所示。

表 4.1 “大中国”经济区内的贸易总额和比例　　单位:亿美元

	1990 年	1995 年	2000 年	2001 年	2002 年	2003 年	2004 年	2005 年
大陆	470.7	682.6	852.5	896.2	1159.3	1473.9	1916.9	2286.71
	40.4%	24.3%	18.0%	17.6%	18.7%	17.3%	16.6%	16.1%
台湾	146	495	694	628	716	895	1122	1191
	11.9%	23.0%	23.7%	26.8%	28.8%	32.1%	31.9%	31.3%
香港	630	1497	1837	1772	NA	NA	2592	2948
	38.0%	41.2%	44.3%	45.2%	NA	NA	48.6%	49.9%
澳门	15	16	19	19	21	22	27	29
	42.2%	39.6%	40.2%	41.4%	43.2%	41.9%	43.1%	44.9%

将上述数据代入公式 4.5 分别予以测度,可计算得到“大中国”经济区的贸易创造和贸易转移效应。其计算结果如表 4.2 所示。

表 4.2 “大中国”区内的贸易创造和贸易转移效应

	大陆进口需求收入弹性		港澳台进口需求收入弹性	
	2002 年 10 月—2003 年 9 月	2003 年 10 月—2005 年 9 月	2002 年 10 月—2003 年 9 月	2003 年 10 月—2005 年 9 月
总进口值	$b_t=0.8686$	$b_t=0.8864$	$b_t=1.0256$	$b_t=1.0343$
区内进口值	$b_i=0.4959$	$b_i=0.4897$	$b_i=0.9670$	$b_i=0.9743$
区外进口值	$b_\varepsilon=0.8655$	$b_\varepsilon=0.8441$	$b_\varepsilon=0.9842$	$b_\varepsilon=0.9943$

以上实证结论显示,比较两个时间段的数据,“大中国”经济区内的大陆和港澳台的区域内贸易合作后的总进口需求弹性 b_t 都大于合作前的水平;大陆的区内进口需求弹性 b_i 和区外进口需求弹性 b_ε 在 2003—2005 的统计年度略微下降,港澳台的内进口需求弹性 b_i 和区外进口需求弹性 b_ε 都呈现增大趋势。可见,中国大陆与港澳台区域间的贸易影响并不相同,为此,我们有以下讨论。

首先,就港澳台而言,CEPA 实施后,区内进口需求收入弹性 b_i(0.9743＞0.9670)同总进口需求收入弹性 b_t(1.0343＞1.0256)、区外进口需求收入弹性 b_ε(0.9943＞0.9842)一起增大,这说明港澳台与大陆间的贸易往来不但存在着总贸易创造效应,而且获得净贸易创造,并且没有形成净贸易转移。具体地讲,CEPA 实施所带来的港澳台与大陆间贸易的扩大,不仅来自从大陆进口替代港澳台自行生产,还来自从大陆进口替代从其他国家或地区的进口,但后一种替代的进口产品在大陆的生产成本并不高于其他国家或地区,即 CEPA 的实施创造出港澳台对内地产品的更多需求。不论是原先自行生产的还是主要通过从其他国家或地区进口来满足的。其次,对大陆来说,总进口需求收入弹性 b_t 明显增大(0.8864＞0.8686),区内进口需求收入弹性 b_i 和区外进口需求收入弹性 b_ε 略微减少,这说明大陆与港澳台间的贸易往来不存在总贸易转移、净贸易转移效应,即没有产生以内地自行生产的替代。

上述结论验证了本书 2.1.1 中所提及的 Viner 的观点:成员体的生产结构越是竞争性的(非互补性),关税同盟增加福利的可能就越大。当然,关税同盟的福利效应还取决于运输成本,如果其他条件不变,成员体间的运输成本越低,它们的区域市场整合的收益就越大。因此,关税同盟中邻近成员体的加入,由于跨国境的贸易创造可能性较大,从而比容易产生贸易转移的遥远的成员体的加入更为有利。

4.2 产业内贸易效应

4.2.1 计量模型和变量选择

本书在 3.2.3.2 中已论及,产业内贸易指数(Grubel-Lloyd Index,简称 GL 指数)是目前对产业内贸易发展水平进行测度所采用的最广泛的统计指标,其公式为:

$$IIT_i = 1 - \frac{|X_i - M_i|}{(X_i + M_i)} \tag{4.6}$$

经济体的总体产业内贸易指数则可以由所有产业的产业内贸易指数的加权平均数求得,其表达式为:

$$IIT = 1 - \frac{\sum_{i=1}^{n} | X_i - M_i |}{\sum_{i=1}^{n} (X_i + M_i)} \tag{4.7}$$

运用 GL 指数考察“大中国”经济区内扩大的区内贸易,可以说明在“大中国”经济区构建区域市场一体化的成本大小。如果区内贸易扩大的来源主要是产业内贸易,那么参与区域经济合作的成本就比较低。在产业内贸易指标值于 0—1 间变动的情况下,如果 $IIT_i \geqslant 0.5$,表明“大中国”经济区内有较明显的产业内双向进出口贸易的存在;$IIT_i > 0.7$,表明“大中国”经济区内有很强的产业内贸易关系;IIT_i 越接近 1,“大中国”经济区内的产业内贸易程度越高;IIT_i 越接近 0,则“大中国”经济区内该产业就表现为产业间贸易现象。模型显示的这些数值的取舍,尽管有可能与现实存在一定的差距,但运用该模型来实证检验“大中国”经济区的相关贸易,还是有助于某些结论的形成的。

4.2.2 数据选取和实证结论

一般来说,在计算产业内贸易时,采用的是根据 SITC 或者 HS 两种对进出口产品的编码进行统计的数据。按照这种方法计算出来的产业内贸易数据是产品层面上的数据,而不是产业层面上的数据。因此,首先需要找到每一组 SITC 3 位数的产品所对应的产业分类标准,然后将属于同一产业的所有产品的数据进行加总,才能得到产业层面上的产业内贸易数据。根据我国 1994 年颁布的《国民经济行业分类与代码》(GB/T4754－1994)①,全部工业企业共分为 41 个行业②,并且这些行业可以再分为采掘业、制造业消费品、制造业中间产品和制造业资本品四个大类。参照这一口径,表 4.3 有以下数据的选取:

表 4.3　大陆与港澳台产业内贸易指数　　单位:%

产业内贸易关系	贸易产品归属产业分类	GL_{2003}	GL_{2004}
很强	建筑材料及五金业	98.77	99.89
	电子业	92.54	93.96
	工业机械业	90.95	92.12
	纺织业	89.83	89.93
	影音器材业	89.33	93.00
	包装物料业	86.79	86.99
	资讯科技器材业	84.82	88.75

① 国民经济行业分类作为我国国家标准于 1984 年首次发布实施,随后分别进行了两次修订:1994 年进行了第一次修订,形成《国民经济行业分类与代码》(GB/T4754－1994);2002 年进行了第二次修订,形成了《国民经济行业分类》(GB/T4754－2002),并于 2003 年起逐步应用于计划、统计、财政、税务、工商行政管理等国家宏观管理和部门管理活动中。根据本文研究的主要时间段,本文采用 GB/T4754－1994 作为标准。

② 在本文中,行业是指从事一种或主要从事一种活动的所有企业的聚合体。就工业行业而言,如果不作特殊说明,行业与产业的含义相同。

续 表

产业内贸易关系	贸易产品归属产业分类	GL_{2003}	GL_{2004}
较强	食品及饮品加工业	86.40	66.41
	通讯器材业	84.34	54.80
	汽车零配件业	74.35	67.71
	医疗及保健仪器业	69.00	85.52
	钟表业	58.96	57.59
	文具业	55.81	61.95
适中	印刷业	51.11	48.09
	眼镜业	45.89	50.15
较弱	化妆及个人护理用品业	43.99	37.07
	服装业	30.41	29.31
	塑胶原料业	20.26	21.38
	灯饰业	20.19	23.05
	家居用品业	21.69	17.49
	礼品业	19.24	21.29
很弱	珠宝业	11.52	12.68
	运动用品业	10.94	10.84
	家具及装饰业	11.43	9.68
	玩具业	8.84	11.11
	家用电器业	8.11	8.38
	皮草业	8.06	9.36
	鞋业	6.87	9.08
	旅行用品及手袋业	4.48	6.10
	皮具业	4.17	6.06
强	产业内贸易指数	71.68	74.49

资料来源:根据香港商贸统计网 http://stat.tdctrade.com/index_c.html 提供的数据计算得到。

表 4.3 中数据显示,港澳台与大陆综合性产业内贸易指数达到 70%以上,在 CEPA 实施后该指数仍然略有上升,由 71.68%增加至 74.79%。“大

中国”经济区内不但存在着很强的产业内贸易关系,而且区域内贸易的扩大更多地来自于产业内贸易。结合表中的行业分布来看:建筑材料及五金业、电子业、工业机械业等资本密集型和技术密集型行业在“大中国”经济区的产业内贸易中占据主导地位,这与两岸四地资源禀赋的差异显然有很大的相关性,其直接的绩效表现是珠三角地区能在20多年的时间里取得骄人的经济发展成就。①

张天桂(2006)的研究曾指出,就港澳台三地而言,目前香港与内地构建区域经济一体化的成本较低。根据联合国《国际贸易标准分类》(SITC)标准,化学成品及有关产品、机械与运输设备大多为资本或技术密集型的制成品,按原料分类的制成品、杂项制品则多是劳动密集型的制成品。香港与大陆间除化学成品及有关产品的产业内贸易指数超过70%,存在着很强的产业内贸易关系,其他无论是资本/技术密集型产业,还是劳动密集型产业,大陆与香港间产业内贸易指数均小于50%。这说明,大陆与香港结成区域经济一体化的总体成本较高。

4.3 货币一体化效应

4.3.1 计量模型和变量选择

本书在2.4.2曾针对中国大陆、香港、澳门和台湾“两岸四地”间的主权国家内的货币市场整合之货币一体化的效应检验展开过文献回顾,并就平价条件下的货币一体化测度模型进行了简单的评述。作为对这一问题的深

---

① 珠三角地区制造业的发展与承接港澳地区的制造业的转移密切相关。从20世纪80年代开始,珠江三角洲地区利用毗邻港澳的区位优势和改革开放先行一步的制度创新优势,把握港澳和东亚地区产业转移的机遇而迅速崛起。在广东和珠三角地区的外来直接投资中,港澳资本捷足先登,起到了重要的示范和带动效应。港资的流入在初期形成了香港与珠三角“前店后厂”的加工贸易模式,香港主要的制造业大约80%以上的工厂或加工工序转移到了广东,其中转移到珠三角的占94%,这一迁移催生了珠江东岸地区加工工业的高速发展。港资启动了珠三角的工业化进程,导致了珠三角外向型经济的快速发展,同时也创造了众多间接经济效益,比如技术、知识和人力资本在珠三角的外溢效应。

度思考,我们能够对可获得的数据进行实证检验。在众多关于货币一体化的定义(Balassa,1962;Tinbergen,1965;Curson,1974;Robson,1989)中,本章采用 Frankel(1991),Yin-Wong Cheung,Menzie D. Chinn 和 Eiji Fujii (2003b)的处理方法:首先,将真实利息平价和真实资本流动等同;其次,真实利息平价(real interest parity)条件由两个其他条件支撑——公开利息平价(uncovered interest parity)和购买力平价(purchasing power parity)。这两个条件分别代表金融市场一体化和商品市场一体化。真实利息率平价维持的程度取决于公开利息率平价和相对购买力平价应用的程度。但由于公开利息率平价包含货币市场和外汇市场的金融套汇,相对购买力平价承担商品和服务的套汇,于是,真实利息平价条件构成了真实一体化和金融一体化(real and financial integration)的基础。

4.3.1.1 平价条件的组成

考虑到两个经济体间"事前"(ex ante)真实利息差异:

$$r^{e}_{t,k}-r^{*e}_{t,k}\equiv(i_{t,k}-\pi^{e}_{t,k})-(i^{*}_{t,k}-\pi^{*e}_{t,k}) \tag{4.8}$$

这里,$r^{e}_{t,k}$代表第一经济体在 K 期的预期真实利息率;e 和 K 分别表明变量是预期的和债务手段的到期日;"$*$"表明是第二个经济体。真实利息率通过 $i_{t,k}$(k 期的名义利息率)和 $\pi^{e}_{t,k}$(k 期预期的通货膨胀率)的差来表示。因此式(4.8)定义为作为 K 期到期资产的名义利息率的"事前"真实利息率,其缩小通过计算从时间 t 的通货膨胀率到时间$(t+k)$(按照年计算的)[①]的通货膨胀率。据此,预期通货膨胀率可以定义为:

$$\pi^{e}_{t,k}\equiv p^{e}_{t,k}-p_{t} \tag{4.9}$$

这里,$p^{e}_{t,k}$和 p_{t} 分别代表在$(t+k)$期的预期价格和在 t 期的名义价格。第二个经济体的预期通货膨胀近似地可以定义为:

$$\pi^{*e}_{t,k}\equiv p^{*e}_{t,k}-p^{*}_{t} \tag{4.10}$$

式(4.9)右边的真实利息差别的表达式可以重新排列,增减预期贬值后

---

① 在这里,我们假定利息率是高度透明的,同样的货币市场工具默认了风险特征。因此在我们的讨论中,没有提出默认的风险。

得到:

$$r_{t,k}^{e}-r_{t,k}^{*e}\equiv(i_{t,k}-i_{t,k}^{*}-\Delta s_{t,k}^{e})-(\pi_{t,k}^{e}-\pi_{t,k}^{*e}-\Delta s_{t,k}^{e}) \quad (4.11)$$

这里假定预期贬值公式为:

$$\Delta s_{t,k}^{e}\equiv s_{t,k}^{e}-s_{t} \quad (4.12)$$

s_t 是两个经济体间的以对数形式表达的汇率。注意,式(4.11)右边第一项是公开利息差别,第二项是“事前”相对购买力平价的差别。当金融资本完全流动并且是可替代的,公开利息差别应该等于0;当商品市场是完全一体化的,购买力平价的差别应该等于0。

严格地说,真实利息平价是一个“事前”概念,通过期望值来定义而不是现实中的真实利息率。三个平价条件之间的理论关系可以通过式(4.11)来定义。然而,由于期望值数据是极小量,这个恒等式不能被用来评估这些平价条件在经验主义意义上的相关性。在合理的期望值假定下,“事后”的实现是相对应的“事前”实现的没有偏见的预示(Frankel & Froot,1987;Chinn & Frankel,1994)[①]。作为替代,笔者使用一个建立在“事后”(ex post)差别基础上可操作的等式来检验数据:

$$r_{t,k}-r_{t,k}^{*}\equiv(i_{t,k}-i_{t,k}^{*}-\Delta s_{t,k})-(\pi_{t,k}-\pi_{t,k}^{*}-\Delta s_{t,k}) \quad (4.13)$$

式(4.13)左边的条件,作为合理的真实利息平价的差别,式(4.13)右边的两项,作为合理的公开利息平价和相对购买力平价的差别。提炼“事前”和“事后”之间的区别,式(4.11)和式(4.13)意味着维持真实利息平价的充分条件在于公开利息平价和相对购买力平价的维持。公开利息平价表征的是货币市场和外汇市场驱动下的金融一体化,相对购买力平价表征的是如何容易地让商品和服务市场套期的真实一体化。因此,真实利息平价是金融一体化和真实市场一体化两者共同的函数(Frankel,1991)。为符号简化计,以下的论述不再用“事后”这一术语。

4.3.1.2 平价条件的稳态测试

在一些早期的研究中,回归分析被用于确定真实利息平价的有效性

---

① 换句话说,我们将主观的市场期望值等同于有条件的数学期望值。也就是,$x_{t+k}^{e}=E(x_{t+k}\mid I_t)$,在一个稳定的状态,$x_{t+k}-E(x_{t+k}\mid I_t)=\xi_{t+k}$,这里 ξ_{t+k} 是真正的创新。

(Cumby, Obsfeld, 1984)。Mishkin(1984), Mark(1985),以及 Cumby 和 Mishkin(1986)将计算利息率变量(代替对数近似值)的精确公式使用于测试真实利息平价中。然而,我们注意到来自精确公式的数据和对数近似值都能给出相似的测试结果,因此 Yin-Wong Cheung, Menzie D. Chin 和 Eiji Fujii (2003a)的测试是建立在对数近似值的基础上,用平均稳态(mean stationarity)[①]概念来评估平价条件的。如果偏离真实利息平价是固定的,那么即使在短期平价条件不能维持,长期却会维持,因为背离平价是短时间的[②]。本文使用一个改进的 Dickey-Fuller 测试稳态(随 ADF－GLS 测试而被揭示)(Elliott、Rothenberg & Stock,1996)。但考虑到一个序列$\{q_t\}$,$q_t=$时间 t 时真实利息差别、公开利息差别和相对购买力差别,以线性时间趋势的 ADF－GLSτ 测试,必须建立在以下回归基础上:

$$(1-L)q_t^{\tau}=\alpha_0 q_{t-1}^{\tau}+\sum_{k-1}^{p}\alpha(1-L)q_{t-k}^{\tau}+\varepsilon_t \tag{4.14}$$

这里,L 是滞后算子,变量 α 定义为 $\alpha=1+c/T$(c 设置为－13.5),q_t^{τ} 是在变量$\bar{\alpha}$下的局部反向方程,通过如下方程导出:

$$q_t^{\tau}=q_t-\tilde{\gamma}'z_t \tag{4.15}$$

这里,$z_t=(1,t)'$,$\tilde{\gamma}$ 是系数 $\tilde{q_t}$ 在 $\tilde{z_t}$ 时的最小平方回归,这里$(\tilde{q_1},\tilde{q_2},\cdots,\tilde{q_r})=(q_1,(1-\bar{\alpha}Lq_2,\cdots,(1-\bar{\alpha}L)q_r),(\tilde{z}_1,\tilde{z}_2,\cdots,\tilde{z}_r)=(z_1,(1-\bar{\alpha}L)z_2,\cdots,(1-\bar{\alpha}Lz_r)$。ADF－GLS$\mu$ 测试,允许截取包括和 ADF－GLSτ 一样的程序,除了 q_t^{τ} 被局部降低的级数 q_t^{μ} 替代外(通过设定 $z_t=1$ 和$\bar{c}$到－7)。在执行这个测试时,滞后参数 p 使误差项 ε_t 成为一个白色干扰程序(white noise process)。当 ADF－GLS 测试统计(通过一个通常的 t 统计给出,为了用 $\alpha_0=o$替代 $\alpha_0<o$ 的选择)是重要时,单位根(unit root)假设被拒绝。更加详

---

① 稳态标准也能通过观察“事后”通货膨胀和贬值率来合理化,因此它使“事后”平价条件瞬间维持的假定变得没有意义。只要平价条件是“事先”维持的,并且期望值误差是平均稳定的,对稳态的测试将会提供有用的信息。

② 争论来自一个固定时间序列的特性,一个固定系列在被外界震动扰乱后将回复其均衡价值。另一方面,如果偏离平价不是固定的,扰乱能导致永久的均衡转移,即使在长期也没有内生机制恢复平价条件。

细的测试程序描述见 Elliott,Rothenberg,Stock (1996)的研究。

4.3.1.3 背离平价条件的因素

一个差别系列的方差提供了一个测量背离平价条件的方法。比如,考虑真实利息平价,如果平价条件即时维持,那么真实利息差别系列将恒等于0;如果平价以大震动为条件,那么真实利息差别系列方差就很大。因此,差别系列的方差提供了一个直接的测量方法。真实利息差别的方差由如下公式表示:

$$Var(r_{t,k}-r_{t,k}^{*})\equiv Var(i_{t,k}-i_{t,k}^{*}-\Delta s_{t,k})+Var(\pi_{t,k}-\pi_{t,k}^{*}-\Delta s_{t,k}) -2Cov(i_{t,k}-i_{t,k}^{*}-\Delta s_{t,k},\pi_{t,k}-\pi_{t,k}^{*}-\Delta s_{t,k}) \quad (4.16)$$

背离真实利息平价的强度依赖于金融市场和商品市场的非一体化,以及在背离公开利息平价和相对购买力平价之间合作运动的强度。使用真实数据对 $Var(r_{t,k}-r_{t,k}^{*})$ 的分解能精确地查明金融市场或商品市场的壁垒是否导致平衡真实利息率的失败。

出于同样的原因,公开利息差别的方差和相对购买力差别的方差可以由如下公式表示:

$$Var(i_{t,k}-i_{t,k}^{*}-\Delta s_{t,k})\equiv Var(i_{t,k}-i_{t,k}^{*})+Var(\Delta s_{t,k}) -2Cov(i_{t,k}-i_{t,k}^{*},\Delta s_{t,k}) \quad (4.17)$$

$$Var(\pi_{t,k}-\pi_{t,k}^{*}-\Delta s_{t,k})\equiv Var(\pi_{t,k}-\pi_{t,k}^{*})+Var(\Delta s_{t,k}) -2Cov(\pi_{t,k}-\pi_{t,k}^{*},\Delta s_{t,k}) \quad (4.18)$$

式(4.16)、(4.17)和(4.18)有助于我们评估名义利息率、汇率变化、相关的通货膨胀率的作用,及其它们背离平价条件的共同运动。

针对每一对经济体,通过构建真实利息差别($r_{t,k}-r_{t,k}^{*}$)、公开利息差别($i_{t,k}-i_{t,k}^{*}-\Delta s_{t,k}$)和相对购买力差别($\pi_{t,k}-\pi_{t,k}^{*}-\Delta s_{t,k}$)来检验平价条件的相关性,并推断大陆与其他经济体间的一体化程度。可以进一步参考 Quinn (1997),Chan-Lee (2002),Yin-Wong Cheung, Menzie D. Chinn 和 Eiji Fujii (2003)的研究,表 4.4 给出了这些变量的描述。

表 4.4 变量的描述

	港澳/大陆	台湾/大陆
A. 真实利息差别		
平均数	0.178	1.847
最大值	21.260	19.427
最小值	−20.899	−43.994
方差	86.818	114.100
B. 公开利息差别		
平均数	−1.276**	−7.274*
最大值	9.787	51.813
最小值	−9.150	−160.383
方差	14.349	714.270
C. 相对购买力平价差别		
平均数	1.097	5.426*
最大值	22.701	166.622
最小值	−16.187	−62.297
方差	57.931	782.878

注:真实利息差别、公开利息差别和相对购买力差别都是按年计算且以百分比表示。第一行是相比较的经济体。"**"、"*"和"#"表示样本中间值分别在1%、5%、10%的显著性水平上异于0。

表4.4显示许多观测数据是良好的。首先,就真实利息差别,港澳/大陆数列有最小的绝对平均值,但没有最小的范围(最大一最小之间),也没有最小的方差。如果用这些数字来评估一体化,那么香港和大陆已经有很高的一体化水平了①。其次,就公开利息平价的差别,港澳/大陆联系得最坚固,有最小的绝对平均价值和范围;而台湾/大陆公开利息差别的方差高达714.270,说明彼此间在资本市场联系方面明显弱于港澳/大陆之间。最后,相对购买力平价差别的平均数一般相当小,香港/大陆经济体间的差别范围是最小的,它们之间汇率是被盯住的。因此,结果确认了汇率制度的选择和购买力平价差别的大小,与被讨论的问题息息相关。

4.3.2 数据选取和实证结论

本章所用数据来源于Bloomberg、CEIC数据库、国际金融统计、香港货

① 1997年虚构变量出现,台湾/大陆之间代替香港/大陆,有最小的绝对平均真实利息差别。

币局和中国统计年鉴。采集的是从1996年2月到2002年6月的月度观察数据,包括同业间利息率、汇率,以及大陆、香港、台湾的消费者价格指数,分析的周期取决于两个因素:一个是数据的有效性,另一个更为重要的是大陆的自由化进程。这一进程在很大程度上与同业市场存在着联系,在1996年1月以前,同业市场实际上是受控制的(Xie, 2002)。因此,向后扩展利息率数据,将不会产生更多的与评估国际金融一体化相关的信息①。

4.3.2.1 真实利息差别

港澳与大陆,以及台湾与大陆的真实利息差别的测度结果如表4.5所示。

表 4.5 真实利息差别

	港澳/大陆	台湾/大陆
A. 单位根测试统计		
ADF−GLSμ	−3.626* [3]	−2.358 * [6]
Q(6)	10.067	0.642
Q(12)	17.192	3.967
ADF−GLSτ	−7.187* [1]	−4.996* [5]
Q(6)	8.442	10.574
Q(12)	13.866	15.265
B. 持续性		
AR(1)	0.270* (0.120)	−0.231* (0.107)
AR(2)	0.250* (0.121)	−0.175 (0.111)
AR(3)	−0.063 (0.120)	−0.053 (0.113)
AR(4)	—	−0.001 (0.113)
AR(5)	—	0.136 (0.111)

① 有一个单独的问题,即针对其他短期利息率,月利率是否具有代表性,包括商业票据和回购利率。Li和Peng(2002)指出最近几年,这些短期工具之间的分割几乎已经消失了。

续 表

	港澳/大陆	台湾/大陆
AR(6)	—	0.420** (0.108)
调整后 R^2	0.124	0.192

注:面板A方括号里的数据是根据贝叶斯定理(Bayesian)的信息标准挑选的滞后参数。Q(6)和Q(12)是建立在估计残值的第一个6和12的自相关的Box-Ljung的Q统计。面板B系数估计下的圆括号内是标准误差,分别用“**”、“*”表示在1%、5%的显著性水平。

表4.5的面板A中所呈现的是ADF-GLSτ和ADF-GLSμ方法的应用,其目的是测试两对经济体间真实利息差别系列的单位根的测试结果,使用有限样本的鉴定价值来决定重要性水平(Cheung and Lai, 1995),对所有的三个系列,残数的Q统计预示挑选的滞后分类相当适当。ADF-GLSτ和ADF-GLSμ测试统计都是负数且有效的:这种情况暗示着真实利息差别系列是固定的,即背离真实利息平价是固定的,随时间的推移趋向于临界点。表4.5的面板B报告了下列的回归结果:

$$q_t = \alpha_0 + \sum_{k=1}^{p} \alpha_k q_{t-k} + \varepsilon_t \tag{4.19}$$

表4.5显示,虽然有限的一体化程度导致短期真实利息平价的不稳定性,面板A的稳态结果仍然表示大陆的真实利息率与其他经济体长期是有联系的。这些差别可以通过调整后的R^2指出,其数值范围从港澳/大陆真实利息差别的12.4到台湾/大陆真实利息差别的19.2。显然,“大中国”经济区的经济体间真实利息差别较大。面板B的结果显示,所有真实利息差别系列显示出重要的持续性。因此,分析结果确认了大陆与其他经济体是非完全一体化。这个发现并不奇怪,因为大陆较严格控制对外贸易流和金融流。

4.3.2.2 公开利息差别

港澳与大陆,以及台湾与大陆的公开利息差别的测度结果如表4.6所示。

表 4.6 公开利息差别

	港澳/大陆	台湾/大陆
A. 单位根测试统计		
ADF－GLS_{μ}	－2.126* [5]	－7.019* [1]
Q(6)	5.554	10.304
Q(12)	10.670	18.275
ADF－GLS_{τ}	－2.808# [2]	－4.892* [2]
Q(6)	9.457	8.471
Q(12)	17.473	18.375
B. 持续性		
AR(1)	0.429** (0.118)	0.189 (0.115)
AR(2)	0.137 (0.129)	—
AR(3)	0.070 (0.130)	—
AR(4)	－0.073 (0.129)	—
AR(5)	0.282* (0.115)	—
调整后 R^2	0.620	0.022

注:面板 A 给出了用 ADF－GLS_{τ} 和 ADF－GLS_{μ} 的单位根测试结果,使用有限样本的鉴定价值来决定重要性水平(Cheung and Lai,1995)。方括号里的数据是根据贝叶斯定理(Bayesian)的信息标准挑选的滞后参数。Q(6)和 Q(12)是建立在估计残值的第一个 6 和 12 的自相关的 Box-Ljung 的 Q 统计。面板 B 给出了根据公式(4.19)估计的真实利息差别的持续性。系数估计下的圆括号内是标准误差,分别用“* *”、“*”、“#”表示在 1%、5%、10% 的显著性水平。

表 4.6 的面板 A 的结果显示:对港澳/大陆和台湾/大陆两对经济体而言,单位根假设被 ADF－GLS_{τ} 和 ADF－GLS_{μ} 测试统计有力地拒绝。面板 B 的结果显示:背离公开利息平价没有随机出现于港澳/大陆间,因为滞后公开利息差别变量是有效且预示很强的持续性。调整后的 R^2 相当高(在 62%),说明如果货币在市场间是自由流动的,套汇能产生建立在持久稳固背离基础上的利润,也有助于回复平价。然而,这种类型的套汇行为尤其在

短期相当难,因为在大陆对资本有控制。台湾/大陆经济体显示一个不同的模式,滞后差别是小的和显著的,意味着背离是完全随机的。过高的不稳定性使我们很难揭开在台湾/大陆回归方程中的有效系数。

4.3.2.3 相对购买力平价差别

港澳与大陆,以及台湾与大陆的相对购买力平价差别的测度结果如表4.7所示。

表 4.7 相对购买力平价差别

	港澳/大陆	台湾/大陆
A. 单位根测试统计		
ADF−GLSμ	−7.802* [1]	−7.568* [1]
Q(6)	10.144	4.479
Q(12)	14.180	17.802
ADF−GLSτ	−8.025* [1]	−4.069* [4]
Q(6)	7.455	0.868
Q(12)	9.574	15.862
B. 持续性		
AR(1)	0.094 (0.116)	0.115 (0.116)
AR(2)	—	—
AR(3)	—	—
AR(4)	—	—
调整后 R^2	−0.004	−0.002

注:面板 A 给出了用 ADF−GLSτ 和 ADF−GLSμ 的单位根测试结果,使用有限样本的鉴定价值来决定重要性水平(Cheung and Lai, 1995)。方括号里的数据是根据贝叶斯定理(Bayesian)的信息标准挑选的滞后参数。Q(6)和 Q(12)是建立在估计残值的第一个 6 和 12 的自相关的 Box-Ljung 的 Q 统计。面板 B 给出了根据公式(4.19)估计的真实利息差别的持续性。系数估计下的圆括号内是标准误差用"*"表示在 5%的显著性水平。

表 4.7 中类似的格式也在表 4.5 中使用。表 4.7 的面板 A 显示:ADF−GLSτ 和 ADF−GLSμ 测试有力地拒绝了在这些差别系列中的单位根存在。当稳态结果是通过前述两个平价结果关系得出,我们可以看到相对购买力差别系列是稳态的。因此,有证据显示大陆与其他经济体间长期商品

市场一体化。表 4.7 的面板 B 中的结果与前面的表格相应的面板有相当不同。滞后背离相对购买力平价的系数估计是小的、可忽略的,调整后的 R^2 相当接近于 0。如果信息设置被限制在滞后的相对购买力平价背离,$(\pi_{t,k}-\pi_{t,k}^{*}-\Delta s_{t,k})$是随机序列。结果支持 Roll (1979)的有效市场购买力平价,其假定$\{\pi_{t,k}^{e}-\pi_{t,k}^{e*}-\Delta s_{t,k}^{e}\}$为零平均随机系列。

4.3.2.4 背离平价条件的因素

港澳与大陆,以及台湾与大陆间真实利息、公开利息、相对购买力等指标背离平价条件的因素分解如表 4.8 所示。

表 4.8 不同平价差别的分解

	港澳/大陆	台湾/大陆
A. *Var*(RID)	86.818	114.100
% *Var*(UID)	16.528	626.002
% *Var*(RPD)	66.726	686.132
% −2*Cov*	16.744	−1212.134
B. *Var*(UID)	14.349	714.270
% *Var*(*i*−*i* *)	95.286	1.303
% *Var*(Δ*s*)	3.791	97.400
% −2*Cov*	0.922	1.295
C. *Var*(RPD)	57.931	782.878
% *Var*(Δ*p*−Δ*p**)	98.950	14.086
% *Var*(.*s*)	0.939	88.864
% −2*Cov*	0.110	−2.950

注:1. 面板 A 根据公式(4.16)给出了真实利息差别的方差及其组成部分。"*Var*(RID)"代表 $Var(r_{t,k}-r_{t,k}^{*})$,"% *Var*(UID)"代表 $Var(i_{t,k}-i_{t,k}^{*}-\Delta s_{t,k})$ 的百分比贡献,"% *Var*(RPD)"代表 $Var(\pi_{t,k}-\pi_{t,k}^{*}-\Delta s_{t,k})$ 的百分比贡献,"% −2*Cov*"代表协方差项的百分比贡献。

2. 面板 B 根据公式(4.17)给出了公开利息差别的方差及其组成部分。"*Var*(UID)"代表 $Var(i_{t,k}-i_{t,k}^{*}-\Delta s_{t,k})$,"% *Var*(*i*−*i* *)"代表 $Var(i_{t,k}-i_{t,k}^{*})$ 的百分比贡献,"% *Var*(Δ*s*)"代表 $Var(\Delta s_{t,k})$ 的百分比贡献,"% −2*Cov*"代表协方差项的百分比贡献。

3. 面板 C 根据公式(4.18)给出了相对购买力平价的方差及其组成部分。"*Var*(RPD)"代表 $Var(\pi_{t,k}-\pi_{t,k}^{*}-\Delta s_{t,k})$,"% *Var*(Δ*p*−Δ*p* *)"代表 $Var(\pi_{t,k}-\pi_{t,k}^{*})$ 的百分比贡献,"% *Var*(.*s*)"代表 $Var(\Delta s_{t,k})$ 的百分比贡献,"% −2*Cov*"代表协方差项的百分比贡献。

建立在式(4.16)、(4.17)和(4.18)基础上的解显示在表 4.8 中。结果显示:第一,就真实利息差别而言,台湾/大陆的方差大于港澳/大陆的方差。第二,公开利息差别和相对购买力差别的相关贡献,在经济体间是不同的:一方面,港澳/大陆公开利息和相对购买力差别的方差,小于其真实利息差别的方差,港澳/大陆方差的 66.7%可归因于相对购买力的可变性,16.7%可归因于公开利息的可变性;另一方面,台湾/大陆的情况与港澳/大陆的情况正好相反。

公开利息和相对购买力差别的分解结果,可以简单地概括为以下情形:台湾/大陆的方差高于香港/大陆,就台湾/大陆而言,汇率变化是对可变性的主要贡献,而港澳/大陆相对价格和相对利息变化是主要决定因素。模型结果反映了这些经济体的汇率安排。在样本中,香港和大陆有效地将它们的货币盯住美元,因此中国大陆的汇率制度相对于香港而言,是事实上盯住了美元。相比较而言,台湾是典型的管理浮动政策,当汇率浮动时,汇率可变性几乎占有了背离平价的全部,情况同汇率被盯住时是严格颠倒的。因此,汇率制度的安排对“大中国”经济区的货币一体化进程有显著的影响。

4.3 本章小结

本章从“大中国”经济区层次上检验了两岸四地间贸易往来的效应,并对各个经济体间的经济往来作了宏观层面的审视。本章研究的重点是经济体间贸易往来的福利效应、产业间一产业内贸易、经济体间的货币一体化等理论问题。在“泛一体化”理论分析框架内,本章主要对以下几个重要结果展开了检验:

第一,“大中国”经济区内的贸易影响呈现出经济体间的差异性。就港澳台而言,在 CEPA 实施后,其与大陆间的贸易往来,不但存在着总贸易创造效应,而且获得净贸易创造,并且未形成净贸易转移。也就是说,“大中国”经济区层次的市场整合带来的港澳台与大陆间贸易的扩大,不仅来自从大陆进口替代港澳台的自行生产,还来自以从大陆进口来替代从其他国家或地区的进口。就大陆而言,与港澳台的贸易往来不存在总贸易转移、净贸易转移效应,即没有产生以内地自行生产的替代。

第二,在"大中国"经济区内,不但存在着很强的产业内贸易关系,而且区域内贸易的扩大更多地来自于产业内贸易。实证分析结果显示,资本密集型和技术密集型行业在"大中国"经济区的产业内贸易中占据主导地位,这与两岸四地资源禀赋的差异显然有很大的相关性。相对于澳门和台湾,无论是资本/技术密集型产业,还是劳动密集型产业,目前香港与内地构建区域经济一体化的成本均较低。对这些问题的实证检验,有助于给"大中国"经济区的理论构建提供依据。

第三,汇率制度的选择对"大中国"经济区的货币一体化结果有重要含义。实证分析和检验表明,背离平价条件依靠政府的制度。当汇率是有效盯住的时候,那么,对相对购买力平价的冲击和对真实利息平价的冲击具有相同的效应;而当汇率是(管理)浮动时,对相对购买力平价的冲击和对公开利息平价的冲击却显示出相同的特征表现。这一实证检验的结果意味着一个事实上固定汇率安排存在着"强一体化"的迹象,尽管本章对这种迹象没有进行直接检验。

5　大陆省际层次的经济整合：实证检验

本书在第三章曾从工业集聚、地理因素和政策层面等三个维度，对大陆省际层次的区域经济整合机制展开过理论描述。以省际层次区域经济整合的形成过程而言，注重从这三个维度来考察区域经济整合，反映了本书沿袭新经济地理学分析范式的倾向。一般来说，沿袭某一学派的分析范式，属于以该学派为参照的规范分析，这样的分析应作出相应的实证及其检验。学术界针对类似问题曾展开过相关的实证研究，为此本章力图对将要进行的实证研究作以下改进：(1)扩大样本量并在时序上扩大研究时段，即这种扩大以中国大陆 31 个省（直辖市）的 1978 年至 2006 年的面板数据（Panel Data）为研究对象，而不是像现有的相关研究大都局限于 2004 年以前；同时，扩大样本容量和更新数据集，从而使检验的实证结论更加可靠。(2)改进研究方法。基于以往的研究大多侧重规范分析，或局限于利用中国总体的时间序列进行计量分析，本章将利用面板数据来检验中国大陆省际工业集聚的区位因素和政策因素的影响度。

5.1　产业集聚与区域经济整合

本书在 3.3.1 已指出，区域经济整合会通过促进区域间的专业化分工来加快整个地区产业专业化的进程。考察这种产业专业化进程，涉及对产业集聚效应的检验。一些经济学者在寻找检验方法的过程中,试图建立一套简单的指标体系以测度区域经济整合对地区产业专业化程度的影响。但这种以简单指标来进行的测度会使区域经济整合的系统性被忽略。在笔者看来,非简单的指标应以两个能反映区域经济走势的变量构成。在这方面,能体现这种要求的且操作性强的指标体系是:"产业集中度一地区专业化"指标(Krugman Indices)、赫芬达尔-赫希曼指数(Herfindahl-Hirshman Indices)、EG 指标[①]。基于数据可获得性方面的考虑,本章选择"产业集中度一地区专业化"指标作为实证检验的分析工具。

5.1.1 计量模型和变量选择

从区域内生产专业化水平来判断区域经济整合(或区域一体化)水平是否提高,通常是以发达国家为对象的,这一方法经常被应用于欧盟、美国等区域经济整合水平的判断上(Knarvik Midelfart-Knarvik,Henry Overman,Stephen Redding and Antony Venables,2000[②]; Sukkoo Kim 1998[③])。Bai 等(2003)曾将这一方法用于中国的案例研究,并在一定程度和范围内取得了符合中国实际的成功。因此,介绍和评述这一方法显得十分重要。"产业集中度一地区专业化"指标之所以会被许多学者使用,原因在于以这些指标构成的理论公式能大体上揭示区域经济整合的形成机理。其公式如下:

$$K^k(t) = \sum abs \mid V_i^k(t) - V^k(t) \mid \tag{5.1}$$

式中,$V_i^k(t)$表示 t 期产业 K 在 i 国总产业中的比重;$V^k(t)$表示 t 期的产业 K 除 i 国外的在整个区域产业中的比重。地区专业化一产业集中指标 $K^k(t)$有两个极值:$K^k(t)=0$ 表示区域经济中的产业无差异,即区域经济呈现出地区产业非专业化态势;$K^k(t)=2$ 表示区域经济中的产业差异显著,意

---

① 关于这三个指标各自在计量分析上的优缺点,本文在 2.3.2 中已作了较为详细的阐述。

② 参阅 Knarvik Midelfart-Knarvik, Henry Overman, Stephen Redding, and Antony Venables. The Location of European Industry. http: // www. Econ. 1se. ac. uldstaf / ajv / fineuloc. paf, 2000.

③ 参阅 Sukkoo Kim. Economic Intergration and Convergence: U. S. Regions, 1840—1987. Journal of Economic History, Vol. 58, No. 3, 1998, pp. 659-683.

味着区域经济呈现强产业专业化态势。

根据公式(5.1)的内涵,如果我们考察的是同一时期大陆省际经济的产业平均集中率,并用产业就业人数的分布来表示产业的省际分布状况,则可以用省际产业平均集中率和省际产业中心值两个分指标来衡量省际层面的产业集聚:

$$v_i = \frac{\sum_K (v_i^K)}{K}, \text{其中 } v_i^K = \frac{P_i^k}{\sum_i P_i^k} \tag{5.2}$$

$$C_i = \frac{1}{N}\left(\sum_K \frac{\sum_K v_j^K}{\delta_{ij}} + \frac{\sum_K v_i^K}{\delta_{ii}}\right) \tag{5.3}$$

式(5.2)中的 v_i 表示地区 i 的产业平均集中率;K 为产业数量;v_i^K,v_j^K 分别为第 i,j 省份的第 k 产业的就业人数(p_i^k)占全国该行业全部就业人数($\sum_i P_i^k$)的份额。式(5.3)中的 C_i 表示地区 i 的产业中心值;N 为省份数量;δ_{ij} 为第 i 与 j 省份之间的距离;δ_{ii} 为第 i 省内距离。由于 C_i 考虑了空间距离因素并考察了某一地区产业集聚状况,它较客观地描述了新经济地理分析框架下的区域市场整合,并反映出各省际产业集中率在宏观层面上所体现的省际间的地区专业化水平差异。范剑勇(2004)曾借用 Krugman 指数,构建了省际专业化水平指标,这个理论文献具有一定的参考价值。笔者在借鉴这一指标来分析区域经济整合时,将略对某些指标符号作出一点改动:

$$K_i = \sum_k \mid v_i^k - \bar{v}_i^k \mid, \quad \text{其中} \bar{v}_i^k = \frac{\sum_{j\neq i} P_i^k}{\sum_k \sum_{j\neq i} P_i^k} \tag{5.4}$$

较之于上述公式,式(5.4)中的 K_i 为地区相对专业化指数(即 Krugman Indices,1991);i,j,k 分别表示地区 i 及 j 和产业 k;v_i^k 为地区 i 内各产业的专业化系数;$\bar{v}_i^k$ 为全国其余地区相应产业的专业化系数;P_i^k 为地区 i 产业 k 的从业人数;V_i^k 等于 $\frac{P_i^K}{\sum_K P_i^k}$。地区相对专业化指数描述了地区间的产业结集聚程度,为考察大陆省际经济整合奠定了可供操作的技术基础[①]。

5.1.2 数据选取和实证结论

5.1.2.1 数据选取

在新经济地理学的实证研究领域,区域产业平均集中率和区域产业中心值的测度方法,被广泛应用于研究国家间的经济分工和专业化。与国家间贸易相比,由于一国内部省际间贸易的数据较难取得,因此,本章采取更为直接的方法来测量省际平均集中率和区域产业中心值,即先计算出每个产业中各地区的产出比重,然后与各地区全部产出的比重进行比较。出于数据可获得性和年份递增趋势的考虑,实证分析中采用了1980年和2006年的相关数据测算。数据选取的资料来源于历年的《中国统计年鉴》、《中国工业经济统计年鉴》和《中国工业普查资料》。具体数据选取说明如下:

式(5.2)中的 v_i 表示 i 省的产业平均集中率,用以衡量该省所有产业的平均占有率,它的范围在0—1之间,该值越接近于1,则该省的产业平均占有份额越高。本章选择的省际样本为31个,具体包括:3个直辖市(北京、天津和上海)、7个东部沿海省份(河北、山东、江苏、浙江、福建、广东和海南)、3个东北省份(辽宁、吉林和黑龙江)、6个中部省份(山西、河南、安徽、湖北、湖南和江西)、7个西北省份(内蒙古、西藏、陕西、甘肃、青海、宁夏和新疆)和5个西南省份(广西、重庆、四川、贵州和云南)。

式(5.2)中的产业数量 K 所选择的是制造业行业数量。在通常情况下,计算产业集聚时,我们采用的是根据SITC或者HS两种编码进行统计的数据[②]。为了保证数据的连续性和统一性,本章不考虑2002年行业分类调整

---

① 在实证研究中,还有一个地区间专业化指数,其公式为 $K_{ij}=\sum_k|v_i^k-v_j^k|$,它衡量的是两个地区间产业结构的差异程度,范围为0—2,数值越大代表两地区的产业结构差异越强。地区相对专业化指数与地区间专业化指数从纵向和横向两个角度描述了地区间的产业集聚程度(Krugman,1991)。国内学者对这一指数的运用,可参阅范剑勇(2004)。由于本文在“泛一体化”框架内讨论的是大陆省际经济整合的总体态势,而不是详细分解大陆各个省际间的整合,故选用的是地区相对专业化指数。特此说明。

② 数据说明详见本书4.2.2中的内容。

中删除的“木材及竹材采运业”和“武器弹药制造业”;不考虑“电力、蒸汽、热水的生产”、“煤气生产和供应业”和“自来水的生产和供应业”三个很少进行贸易的政府垄断性产业;不考虑数据不全的“其他矿采选业”和第 38 个行业“空缺”;将“食品制造业”和“食品加工业”合并为“食品制造和加工业”。因此,本章的样本中一共有 33 个工业行业的数据。

公式(5.2)、(5.3)和(5.4)中涉及的就业人数 p_i^k,本章统计的是 33 个工业行业的就业量,所需数据来自《中国统计年鉴》。公式(5.3)中的 δ_{ij} 统计的是第 i 与 j 省份之间的距离。本文用每个区域的省会城市(或直辖市)之间铁路站点里程作为两个区域的距离。而对第 i 省的省内距离 δ_{ii},本文使用范剑勇(2004)的处理方法,δ_{ii} 为第 i 省内距离,计算公式为 $\frac{1}{3}\left[\frac{\text{省面积}}{\pi}\right]^{0.5}$。

5.1.2.2 实证结果

本实证过程分三个步骤展开:

第一步:运用式(5.2)计算省际产业平均集中率,表 5.1 显示了实证结论。观察这些数据,我们可以发现:

(1)东部沿海省份的产业平均集中率 v_i,在 1980 和 2006 年均位居全国首位。这一现象说明,东部沿海省份的制造业集聚的端倪在改革初期就已经具备,区位优势使其制造业集聚的趋势得以延续至今。

(2)经过 20 多年的发展,产业集聚的省际差异更趋显著。东部沿海省份的产业平均集中率 v_i 从 1980 年的 0. 3214 上升到 2006 年的 0.4956,上升幅度达 54%;与这一现象相对应的是,其他省份的产业平均集中率 v_i 全部下降,其中东北三省下降幅度最大,从 0.0861 下降到 0. 0488,降幅达 76%。这就印证了新经济地理学的结论:区域经济整合从低水平向中级水平转化时,制造业将向具有初步优势和地理位置优势的地区转移和集聚。

(3)从分区域的角度看,制造业从传统的优势地区向东部沿海省份转移的趋势明显。在 1980 年和 2006 年两个观察年内,东部沿海诸省的产业平均集中率 v_i 均出现上升趋势,如浙江从 0.0489 上升到 0.0850,山东从 0. 0582 上升到 0.0906;而在传统的优势地区——东北三省中,辽宁从 0.0845

下降到 0. 0481,吉林从 0. 0325 下降到 0. 0188,黑龙江从 0. 0429 下降到 0.0241。

(4)对于西北地区和西南地区,无论是改革初期还是现在,其制造业的产业平均集中率 v_i 均处于全国最低水平,而且随时间的推移呈进一步下降的趋势。2006 年,西藏、青海、宁夏、海南、新疆等地的产业平均集中率 v_i 均低于 0. 0005,因此,这些地区基本是制造业的空白地。对于中部地区,产业平均集中率 v_i 略有下降,从 1980 年的 0. 1979 下降到 2006 年的 0. 1869。

表 5.1 1980 年和 2006 年大陆省际产业平均集中率

地区		产业平均集中率指数 v_i (1980)	产业平均集中率指数 v_i (2006)
直辖市	北京	0. 0348	0. 0235
	天津	0. 0323	0. 0227
	上海	0. 0810	0. 0480
	求和	**0. 1481**	**0. 0942**
东部沿海	河北	0. 0374	0. 0428
	山东	0. 0582	0. 0906
	江苏	0. 0878	0. 1015
	浙江	0. 0489	0. 0850
	福建	0. 0261	0. 0365
	广东	0. 0630	0. 1372
	海南	—	0. 0020
	求和	**0. 3214**	**0. 4956**
东北三省	辽宁	0. 0861	0. 0488
	吉林	0. 0325	0. 0188
	黑龙江	0. 0429	0. 0241
	求和	**0. 1615**	**0. 0917**

续 表

地区		产业平均集中率指数 v_i (1980)	产业平均集中率指数 v_i (2006)
中部地区	山西	0.0221	0.0250
	河南	0.0420	0.0545
	安徽	0.0280	0.0271
	湖北	0.0449	0.0335
	湖南	0.0369	0.0279
	江西	0.0240	0.0189
	求和	**0.1979**	**0.1869**
西北地区	内蒙古	0.0165	0.0087
	西藏	0.0005	0.0002
	陕西	0.0235	0.0198
	甘肃	0.0168	0.0130
	青海	0.0024	0.0016
	宁夏	0.0023	0.0030
	新疆	0.0078	0.0058
	求和	**0.0698**	**0.0521**
西南地区	广西	0.0170	0.0154
	重庆	—	0.0148
	四川	0.0615	0.0320
	贵州	0.0152	0.0118
	云南	0.0160	0.0146
	求和	**0.0927**	**0.0886**

第二步,运用式(5.3)计算省际制造业中心值。表 5.2 显示了实证结果。观察这些数据,我们可以发现:

(1)改革开放以来,中国大陆省际制造业中心值 C_i 呈现总体下降趋势,说明由产业集聚所表征的区域经济整合还处于较低的阶段,政府基于"新古典增长经济学"收敛假说的良好愿望至今没有完全实现——尽管改革开放使得全国各地均实现了不同程度的发展,但地区间的差距却始终处在不断扩大的过程之中。

(2)北京、天津、上海这三个直辖市,因产业升级逐渐从部分制造业退出,导致其制造业中心值 C_i 出现下降,其平均值从 1980 年的 44.6 下降为 2006 年的 31.5。

(3)制造业中心值 C_i 上升的省际只是出现在东部地区四个省份(广东、浙江、福建和山东),其中又以广东的 C_i 值上升最为明显,从 1980 年的 16.9 上升到 2006 年的 22.5,表明改革开放以来广东制造业得到了蓬勃发展和快速集聚。

(4)东部三省的制造业中心值 C_i 下降最为显著,其平均值从 1980 年的 16.3 降为 2006 年的 10.7,说明制造业萎缩强烈,尤其是辽宁省,从 1980 年的 21.5 下降到 2006 年的 14.2。

(5)比较大陆省际间的东、中、西三个区域的制造业中心值 C_i,我们可以发现,中部地区的制造业中心值 C_i 处于中间水平,西北地区制造业中心值 C_i 最小,说明改革开放以来,中西部地区的制造业分布状态改变并不明显。

表 5.2　1980 年和 2006 年大陆省际产业中心值

地区		制造业中心值 C_i(1980)	制造业中心值 C_i(2006)
直辖市	北京	32.1	21.8
	天津	33.2	25.5
	上海	68.5	47.1
	平均值	**44.6**	**31.5**
东部沿海	河北	21.5	19.0
	山东	23.2	24.1
	江苏	31.9	30.2
	浙江	26.8	28.5
	福建	15.0	15.6
	广东	16.9	22.5
	海南	—	8.6
	平均值	**22.6**	**21.6**

续 表

地区		制造业中心值 C_i(1980)	制造业中心值 C_i(2006)
东北三省	辽宁	21.5	14.2
	吉林	15.6	10.1
	黑龙江	11.8	7.8
	平均值	**16.3**	**10.7**
中部地区	山西	18.1	16.2
	河南	19.9	18.8
	安徽	24.1	22.2
	湖北	21.1	17.8
	湖南	17.8	15.3
	江西	18.5	16.2
	平均值	**19.9**	**17.8**
西北地区	内蒙古	12.1	10.2
	西藏	4.9	4.0
	陕西	14.9	12.2
	甘肃	9.9	8.2
	青海	8.8	7.1
	宁夏	10.3	9.1
	新疆	4.5	3.7
	平均值	**9.3**	**7.8**
西南地区	广西	10.1	9.8
	重庆	—	11
	四川	12.9	10.1
	贵州	11.8	10.0
	云南	8.6	7.5
	平均值	**10.9**	**9.7**

注:表中的平均值取的是算术平均数。

第三步,运用式(5.3)计算地区相对专业化指数 K_i,表 5.3 显示了实证结果。观察这些数据,我们可以发现:

(1)2006 年大陆省际各大区域的地区专业化指数的平均值比 1980 年有了显著的提高,K_i 平均值上升幅度最大的是中部地区(K_i 平均值从 0.146 上升至 0.453),最小的是三个直辖市(K_i 平均值从 0.290 上升至 0.426)。据此我们可以推断,改革开放以来,大陆省际经济整合水平已有较大的提高,各大地区的相对专业化差距有所趋缓,这一结论支持 Chatterji(1992)提出的区域经济整合的"弱"趋同假设。

(2)2006 年 K_i 平均值排名前两位的区域是东部沿海地区(0.527)和西南地区(0.507),前者是大陆制造业最为发达的区域,后者则为大陆制造业最不发达的区域。进一步考察省际层面的数据,可以发现,1980 年 K_i 由高至低排列的前三位省份为海南(0.482)、广东(0.385)和云南(0.351);到了2006 年这一排序为海南(0.992)、山西(0.847)和广东(0.736)。这些省份中,除了广东外,其余都是大陆制造业最不发达的地区。这一结论支持范剑勇(2004)的观察,即改革开放以来大陆地区的制造业极有可能都已转移或正在转移到东部沿海地区(处于图 2.2 中的倒"U"型曲线的前半段)。

(3)从区域层面来看,1980 年 K_i 平均值升幅由高至低排列的前三位区域为中部地区(166%)、西南地区(125%)和东部沿海地区(124%)。到了2006 年,这一指标的排序为,中部地区(210%)、东部沿海地区(126%)和西南地区(121%)。这一结论说明,从地区相对专业化角度而言,大陆省际区域经济整合呈现"俱乐部"收敛趋势。

表 5.3 1980 年和 2006 年大陆省际相对专业化指数

地区		地区相对专业化指数 K_i(1980)	地区相对专业化指数 K_i(2006)
直辖市	北京	0.310	0.451
	天津	0.282	0.418
	上海	0.278	0.409
	平均值	**0.290**	**0.426**
东部沿海	河北	0.265	0.622
	山东	0.203	0.479
	江苏	0.198	0.376
	浙江	0.302	0.547
	福建	0.273	0.401
	广东	0.385	0.736
	海南	0.482	0.992
	平均值	**0.233**	**0.527**

续 表

地区		地区相对专业化指数 K_i(1980)	地区相对专业化指数 K_i(2006)
东北三省	辽宁	0.152	0.248
	吉林	0.314	0.536
	黑龙江	0.248	0.405
	平均值	**0.238**	**0.396**
中部地区	山西	0.246	0.847
	河南	0.154	0.454
	安徽	0.098	0.276
	湖北	0.092	0.284
	湖南	0.128	0.372
	江西	0.158	0.487
	平均值	**0.146**	**0.453**
西北地区	内蒙古	0.171	0.367
	西藏	0.238	0.515
	陕西	0.152	0.207
	甘肃	0.141	0.318
	青海	0.207	0.497
	宁夏	0.176	0.293
	新疆	0.180	0.375
	平均值	**0.181**	**0.367**
西南地区	广西	0.198	0.488
	重庆	0.186	0.479
	四川	0.172	0.402
	贵州	0.24	0.515
	云南	0.351	0.652
	平均值	**0.229**	**0.507**

5.1.3 实证结论的政策含义

本节以 Krugman 的“产业集中度一地区专业化”理论为基础,计算 1980 年和 2006 年的大陆省际产业平均集中率指数和地区相对专业化指数,以此考察大陆省际产业集聚对经济整合的影响。实证结论的政策含义主要有三个:

第一,改革开放以来,大陆省际经济整合(或一体化)水平正在提高,但制造业集聚的省际差异显著,大部分制造业已经或正在转移进入东部沿海地区。联系政府地区发展战略来看,从第六个五年计划(1981—1985)开始,政府强调地区制造业发展战略应以比较优势为基础:沿海地区应着力优化产业结构,解决基础设施的瓶颈问题,并积极参与国际贸易与投资;内陆地区则应发展能源、交通和原材料产业以支持东部沿海地区,在总体上强调经济应从沿海到内陆梯度发展。"六五"和"七五"时期,5个特区、14个沿海开放城市、13个经济技术开发区、3个经济发展带和上海浦东开发区在沿海地区相继建成,政府鼓励沿海地区参与国际贸易和吸引FDI以扶持沿海地区高科技产业和外向型产业的发展。从理论上看,大陆省际产业集聚与区域经济整合水平的提高是分不开的,尽管这种区域经济整合趋势仍然受区域市场分割等的干扰,但其整合的特征已明显得到了显示,这也进一步佐证了Naughton(1999)等人的观点。

第二,尽管改革开放以来,大陆省际区域经济整合已从初期的低水平向中级水平迈进,省际间的贸易往来有很大的提高,但由于偏向于地方的财政分权体制、地方政府的业绩考核等软环境因素约束,省际间的经济整合向高级水平挺进有颇多困难,各种形式的地方市场分割极大地限制了国内统一大市场的建立,从而无法完成产业的跨地区转移。以地方政府的投资政策为例,地区间和产业间固定投资的不平衡是由于东部地区:(1)在分权化进程中,保留了比较多的利润和折旧金。(2)从发展比较快的非国有部门得到大量资金。(3)借助于优惠政策和良好的投资环境,吸纳了大部分FDI。(4)由盈利能力强的非国有部门吸纳了大部分投资。由于较好的经济条件和优惠政策,"沿海各省能积累更多的资本,取得更高的投资回报"(Wei,2000),因此,为促进公平竞争,高水平的省际经济整合需要政府构建统一大市场的一系列政策。

第三,以地区专业化所体现的区域经济整合结果而论,改革开放以来,大陆各大地区的相对专业化差距有所趋缓,这一结论支持Chatterji(1992)提出的区域经济整合的"弱"趋同假设。结合政府的地区发展战略来看,在"八五"(1991—1995)和"九五"(1996—2000)期间,地区发展战略开始转向地区经济的协调发展和地区差距的降低上。一系列政策措施相继出台以促进内陆地区的经济发展。这些政策包括:增加内陆地区的基础设施、教育、人员培训的投资,为外资向内陆地区的流入和内陆与沿海地区的合作提供便利。1999 年 9 月,中央提出了西部开发战略,通过改善西部地区的基础设施和商业环境以吸引外部资本流向西部,并借此使西部赶上其他地区。尽管内陆地区需要较长一段时间追赶沿海地区,从地区相对专业化角度,我们可以判断,大陆省际区域经济整合正呈现"俱乐部"收敛趋势。

基于上述分析,笔者认为,政府有责任通过一揽子宏观政策来改变大陆制造业集聚的省际差异,如通过中央政府的倾斜性产业政策,来扶持中部有条件的省份主动吸收、承接东部沿海地区转移的制造业。联系新经济地理学对规模收益递增下的制造业集聚机制的解释,政府还需逐步取消一些不利于大陆省际区域经济整合的各类制度和政策障碍,如限制劳动力和资本跨区域流动的各类显性和隐性的制度和政策等。

5.2 区位、政策与区域经济整合

5.2.1 计量模型和变量选择

为了检验大陆省际区域经济整合过程中产业集聚的省际差异影响因素,我们需要考虑区位和政策因素的贡献度。Démurger 等(2002)是较早将区位和政策因素放在同等位置进行研究的经济学家。区位和政策因素的计量检验涉及对面板数据(panel-data)的处理。面板数据是时序与截面的混合数据(pooled time series and cross-section data),即对 n 个相同的个体在 T 时期内连续观察所得到的二维数据集合。面板数据模型能够同时反映研究对象在时间和截面单元两个方向上的变化规律,能够给研究者提供大量的数据点,这样就增加了自由度并减少了解释变量之间的共线性,从而提高了经济计量分析的有效性。

本章根据面板数据的特征,将区域经济整合的被解释变量设定为工业集聚,将影响因素中的区位和政策作为解释变量,计量模型设为如下形式:

$$Y_{it}=\alpha_0+\alpha_1 R_i+\alpha_2 P_{i,t-1}+\varepsilon_{it} \tag{5.5}$$

其中,Y_{it}表示各年度各个地区工业产值占当年全国总的工业 GDP 的比重,这是 Wen (2004) 度量工业集聚时使用的变量。一个地区的工业份额上升了,就说明在这个地方发生了工业集聚,以此来间接表示区域经济整合程度。R_i 表示区位因素的向量,$P_{i,t-1}$表示经济政策因素的向量。对于随着时间变化的经济政策因素,可以对相应变量作滞后一期的处理,使这些解释变量成为在被解释变量观察之前就已经被决定的变量(predetermined),以减少模型的联立性偏误。α_0 表示常数项,α_1 和 α_2 表示变量系数,$\varepsilon_{i,t}$表示残差。

就区位因素 R_i 而言,大多数研究中国地区差异的文献都使用了沿海(C)或内地(I)的虚拟变量。由于无论是从经济地理学角度考虑的地理和历史条件,还是从新经济地理学角度考虑的政策条件,都倾向认为政府的经济政策有利于沿海地区工业的发展,而对中部和西部的工业集聚影响并不特别显著。因此,我们可以预期沿海地区的虚拟变量对于工业向沿海集聚有正的影响。

就政策因素 $P_{i,t-1}$而言,Démurger 等(2002)描述了改革开放以来经济政策对大陆区域经济发展的作用,Kanbur 和 Zhang(2005)刻画了中国 50 年地区差距形成过程中的政策因素变迁。本章参考了金煜等(2006)的研究,考察了两个方面的政策因素:(1)对外开放度。对外开放作为经济改革以来最为重要的经济政策,导致了大陆区域经济整合的现状,它是工业集聚省际差异的重要因素。本章用大陆各省进出口总额占 GDP 比重与相应的全国均值之比(T) 来度量相对的经济开放程度。本文预期对外开放的经济政策对工业集聚的影响为正。(2)政府对于经济活动的参与度。随着市场经济取代计划经济的资源配置统治地位,政府退出经济活动有利于工业的集聚。大部分的文献通过用扣除教育和国防经费的政府支出占 GDP 的比重来度量政府对于经济活动的参与程度。由于本书研究的是大陆省际层面的政府对经济活动的参与程度,而我国统计数据中没有省一级的国防开支统计,教育支出被包括在科教文卫支出这个大类中,本章就用扣除这一类支出以后的政府支出在 GDP 中的比重与全国均值之比(G)来度量大陆各省政府对于经济的参与程度。本章预期政府对于经济活动的参与度对工业集聚的影响为负。

5.2.2 数据选取和回归方法

5.2.2.1 数据选取

本章对中国31个省(直辖市)[①]在1978—2006年度的工业集聚影响因素进行计量检验。各年度各省(直辖市)工业产值占当年全国总的工业GDP的比重(Y_{it})的数据来源为:(1)1978年至1986年和1999年至2006年的数据取自《中国统计年鉴》。(2)1987年至1998年的数据如未经指明均取自《新中国五十年统计资料汇编》。

解释变量中的区位因素R_i,本书和大多数研究中国地区差异的文献一样,使用了沿海(C)或内地(I)的虚拟变量。考虑到经济政策因素$P_{i,t-1}$中的时间因素,对相应变量作了滞后一期的处理,以减少模型的联立性偏误。具体数据来源为:(1)各省进出口数据T经过当年人民币与美元的比价的中间价折算为人民币,折算时所用的各年汇率取自相应年份的《中国统计年鉴》。(2)各省政府支出(扣除科教文卫支出)在GDP中的比重与全国均值之比(G)的数据来自相应年份的《中国统计年鉴》。

5.2.2.2 回归方法

本章采用的是31个省(直辖市)1978—2006年的面板数据。面板数据中包含着时间序列因素,因此需要考虑自变量和因变量的非平稳性及其协整关系。如果变量是非平稳的,对这些变量进行简单的回归会产生伪回归,使得检验结果并不可靠。本章采用一种相对较简单的非平稳数据序列处理

---

① 具体包括:东部沿海7个(河北、山东、江苏、浙江、福建、广东和海南)、东北3个(辽宁、吉林和黑龙江),中部6个(山西、河南、安徽、湖北、湖南和江西)、西北7个(内蒙古、西藏、陕西、甘肃、青海、宁夏和新疆)、西南5个(广西、重庆、四川、贵州和云南)和3个直辖市(北京、天津和上海)。

方法，即直接对式(5.5)中的各项作一阶差分[①]，然后再进行回归检验。此时的检验方程为：

$$\Delta \ln Y_{it} = \alpha_1 \Delta R_i + \alpha_2 \Delta \ln P_{i,t-1} + \mu_{i,t} \tag{5.6}$$

式(5.6)即为本章实际进行检验的方程。对面板数据的回归分析，通常采用混合数据普通最小二乘估计(pooled OLS)、固定效应模型(fixed effect)和随机效应模型(random effect)等三种模型来同时进行估计，然后再根据估计结果进行比较和取舍，从而得出最终的结果。这三个模型的差异在于：混合数据普通最小二乘估计假定所有的省份数据都是同质的，即不考虑省份之间的差异；固定效应模型和随机效应模型都考虑到了不同省份数据之间的差异，二者的区别在于，随机效应模型假定省份数据之间的差异服从某一随机分布，可以用一个随机变量来表示，而固定效应模型则假定这种差异是固定不变的，可以用一系列省份数据的常数来表示。

面板数据同时包含了时间序列因素和横截面因素，因此，参数的估计值可能会同时受到两种不同因素的影响。一种是不同组别数据之间的差异，通常被称为组间效应(between effect)，在本章的研究中就是指不同省际间的差异；另一种是同一组别内部在不同时间点上数据之间的差异，通常被称为组内效应(within effect)，在本章的研究中就是指同一省份在不同年份之间的差异。由于上述三个模型在估计时使用了不同的原假设，因此采用三种模型分别估计出来的 α_1 和 α_2 值所包含的影响因素也有所不同。混合数据普通最小二乘估计因为没有考虑省际间差异的存在，所以估计出来的 α_1 和 α_2 值由组间效应和组内效应共同决定。在固定效应模型的回归过程中，所有的组间效应都通过固定影响被消除掉了，因此，估计出来的 α_1 和 α_2 值只受到组内效应的影响，即每一省份在不同年份是否有差异。而随机效应模型在回归的过程中虽然考虑到了省际间差异的存在，但只有当省际间的差异服从正态分布时，估计出来的 α_1 和 α_2 值才会完全不受这种组间效应的

---

① 在数据处理过程中，对于各变量来说，有 $\Delta X_{it} = X_{it} - X_{it-1}$。尽管对变量进行一阶差分处理后会减少最早年份的样本数据，但变量差分之后的方程一般能够消除数据序列的非平稳性，增强各变量回归结果的可靠性，因此可以作为一种简单的处理方法。

影响,一旦这个条件不成立,α_1 和 α_2 值也可能会同时受到组间效应和组内效应的影响。

5.2.3 实证结论的政策含义

表 5.4 给出了采用 31 个省(直辖市)1978 年至 2006 年的数据,对方程(5.5)进行面板数据分析的回归结果,实证结论可以主要概括为以下几点:

(1)Hausman 检验结果显示,不能拒绝随机效应模型和固定效应模型没有系统性差异的假说,即 Hausman 检验支持随机效应模型。这一结果说明,省际间的差异对各变量的估计系数具有比较大的影响,组间效应在某种程度上掩盖了同一省份的组内效应对因变量的影响。同时,在区位因素 R_i 的估计中,沿海和内地的地理位置差异对工业集聚的影响估计虽然都通过了显著性检验,但内地区位的变量(ΔI)通过的是 10%水平上的显著性检验,说明了大陆省际间不仅存在沿海与内地的区位差异,而且即便在内地不同省份间,影响工业集聚的因素也存在差异。这说明了政府的政策制定,除了要考虑缩小沿海与内地省份的经济发展差距,还要重视这些政策对缩小内地省际间经济发展差距的影响。

(2)在混合数据普通最小二乘估计和随机效应模型的回归结果中,区位因素 R_i 的估计结果显示,代表沿海区位的变量(ΔC)回归系数为正,代表内地区位的变量(ΔI)回归系数为负,并且通过了显著性检验。实证结果符合沿海地区更接近国际市场的地理优势的确有利于工业集聚的预期。政策因素 $P_{i,t-1}$ 的估计结果显示,各省进出口总额占 GDP 比重与相应的全国均值之比的变量($\Delta\ln T$)的回归系数为正,政府支出在 GDP 中的比重与相应全国均值之比的变量($\Delta\ln G$)回归系数为负,并且通过了显著性检验,这说明出口导向型的经济发展策略对于工业集聚有推动作用,这在一定程度上支持 Ma

(1997)的研究结论,即财政分权与中国的经济发展是正相关的①。此外,政府对于经济活动的参与程度越高,越是不利于地区工业的集聚。

基于上述实证结论,笔者认为,由于大陆省际经济间差距在很大程度上是由各地区工业发展的不平衡导致的,因此一些影响地区工业集聚政策也间接地对地区间发展差距产生显著的影响。在影响大陆省际工业集聚的各种因素中,地理位置差异是一客观现实,也是很难通过政策加以调整的,但政府可以做的是通过交通基础设施建设和信息化建设来推动地区工业的发展。在经济政策方面,如果工业化进程较慢的地区更快地推行改革开放的政策,仍然可能减缓地区间工业发展差距扩大的步伐。

表 5.4　省际层面区域市场整合的因素检验

自变量	OLS 估计	FE 估计	RE 估计
ΔC	1.235** (2.493)		1.1305*** (3.371)
ΔI	−0.654* (1.828)		−0.516* (1.632)
$\Delta \ln T$	1.358*** (3.97)	0.648*** (3.277)	0.617*** (3.147)
$\Delta \ln G$	−1.246*** (4.773)	−0.523*** (3.409)	−0.752*** (3.324)
常数项	−19.534** (2.481)	−14.643*** (3.147)	−14.134*** (3.208)
F 检验值	89.56	3.68	
Hausman 检验值		6.54	
Adjusted R^2	0.528	0.534	0.521
样本组数	31	31	31
样本总数	868	868	868

注:(1) 括号中的数值为 t 检验值,***、** 和 * 分别表示通过了 1%、5% 和 10% 水平上的显著性检验。(2) ΔC、ΔI、$\Delta \ln T$ 和 $\Delta \ln G$ 分别为沿海、内地、各省进出口总额占 GDP 比重与相应的全国均值之比对数、政府支出在 GDP 中的比重与相应全国均值之比对数的一阶差分。(3)根据 Hausman 检验值服从自由度为 k 的卡方分布,它的原假设是固定效应模型与随机效应模型估计的系数无系统性差异,当 Hausman 检验值在 10% 水平内显著时,取固定效应模型,否则取随机效应模型。(4)本章的结果由 EViews 软件计算得到。

① 需说明的是,Zhang 和 Zou(1998)却得出了相反的结论,他们的解释是,财政分权后中央政府在具有公共外部性的基础设施(如铁路、公路、通讯、能源等)上的投资减少了。这两种不同观点的产生,很可能同研究者的数据选择、模型设置等的不同有关。基于这样的理由,本章结论支持 Ma(1997)的研究,也应看成是研究视角和分析方法趋同于 Ma 的结果。

5.3 本章小结

本章从工业集聚、地理因素和政策层面等三个维度,对大陆省际层次的区域经济整合机制展开了实证分析。就数据选取来说,对省际产业平均集中率和地区相对专业化指数所运用的数据大体上来自官方的统计年鉴;以模型选择和对变量的处理来讲,本章对新经济地理学和经济地理学说常用的模型进行了一些适当的修改,以运用于对大陆省际间区域经济整合的实证分析。本章的实证分析是“泛一体化”解说的一个重要组成部分,它对以下几个重要结果展开了检验:

第一,以 Krugman 的“产业集中度一地区专业化”理论为基础,本文计算了 1980 年和 2006 年的大陆省际产业平均集中率指数和地区相对专业化指数,以此来考察大陆省际产业集聚对经济整合的影响。实证结论显示,改革开放以来,大陆省际经济整合(或一体化)水平正在提高,但制造业集聚的省际差异显著。尽管如此,这种整合还是处于较低的阶段。从理论来说,可以认为政府基于“新古典增长经济学”收敛假说的良好愿望至今没有完全实现。从地区专业化所体现的区域经济整合的结果而论,改革开放以来,大陆各大地区的相对专业化差距有所趋缓,这一结论支持 Chatterji(1992)提出的区域经济整合的“弱”趋同假设,而且可以初步判断,从地区相对专业化角度,大陆省际区域经济整合呈现“俱乐部”收敛趋势。这种情形说明大陆区域经济整合有其特殊的规定性,对这种特殊规定性的追溯研究,应该同体制转轨的制度变迁相联系。因此,本章内容还可以通过制度分析来进一步深化。

第二,本章以中国大陆 31 个省(直辖市)1978 年至 2006 年的面板数据为基础,考察了影响大陆省际工业集聚的影响因素,并对这些影响因素展开了实证检验。实证结论显示,在区位因素中,沿海和内地的地理位置差异对工业集聚的影响程度显著;在政策因素中,出口导向型的经济发展策略对工业集聚的推动作用明显,政府对经济活动的参与程度越高,越是不利于地区工业的集聚。当然,这些结论是建立在本章所选取的数据和模型的基础上的,这些结论正确的程度取决于数据和模型的选择,但作为一种学术性探讨,这种分析视角和实证结论,或许存在着进一步研究的价值。

第三,基于上述实证结论,从政策含义角度,笔者认为,政府有责任通过一揽子宏观政策来改变大陆制造业集聚的省际差异,并逐步取消一些不利于大陆省际区域经济整合的各类制度和政策障碍。在影响大陆省际工业集聚的各种因素中,地理位置差异是一客观现实,也是很难通过政策加以调整的,但政府可以做的是通过交通基础设施建设和信息化建设来推动地区工业的发展。如果工业化进程较慢的地区更快地推行改革开放的政策,仍然可能减缓地区间工业发展差距扩大的步伐。客观地说,本章的实证分析是对前数章基本观点的一种现实的检验。从本章的逻辑递延关系来考察,对"泛一体化"框架下的中国区域经济整合的分析和研究,必须高度重视大陆省际间的产业集中度和地区专业化,它将与港澳台区域经济一起共同构筑"泛一体化"区域经济整合的基本格局。

6 结论及政策建议

中国最近30年以来的经济转型是伴随着区域经济的重构与整合推进的，这种重构与整合发生在两个大的“区域”层面：一是包含了港澳及台湾在内的所谓“大中国”经济区，属于不同关税区之间的经济整合，它不仅涉及商品市场的整合，而且涉及货币一体化问题，这种区域经济整合的侧重点在于市场整合；另一是大陆内部以省域经济为代表的行政区，这类整合属于同一关税区、同一货币体系下的不同行政区之间的经济整合，它超出了狭义的市场整合的内涵，属于广义的经济整合与区域重构。本书是对中国独特的两种内涵不同的区域经济整合现象进行理论分析，并就一些关键性命题进行实证检验。

迄今为止，经济理论关于区域经济整合的研究有两个分析框架：一个是国际经济学的“一体化经济学”；另一个是属于空间经济学的“新经济地理学”。本书的研究指出，需要对上述两种分析范式作出其适用性界定后才适合于对中国区域问题的研究。鉴于理论界将主权国家内部两类区域经济整合纳入统一视野的研究文献尚不多见，本书尝试性地从“泛一体化”视野将中国独特的两种类型的区域经济整合融入一个整体分析框架，通过“大中国”经济区域和大陆省际区域的融合分析，论证中国区域市场整合中的“泛一体化”现象的存在。

6.1 主要结论

本书在国际经济学之一体化经济学、新贸易理论和新经济地理理论基础上,探讨中国内部独特区域市场整合的现象,并对"大中国"经济区层次的市场整合进行了贸易效应、产业内贸易和货币一体化检验,对大陆省际层次的经济整合进行了产业集聚、区位分布和政策差异因素的回归检验。

本书在理论研究的承接性方面所得出的主要结论是:经典理论缺乏对不同关税区和同一关税区内的区域经济整合理论的统一架构。尽管有很多文献都分别涉及对这一问题的部分思考,但较少有文献将之归纳入一个整体分析框架进行深入解释。这主要是因为中国的"一国两制"下的"泛一体化"区域经济整合毕竟是个案。由此延伸的话题是:在经验检验方面,大部分的实证研究,尤其是中国国内学者的实证研究,通常容易忽视区域经济整合过程中的产业集聚与要素流动的相关性,忽视中国"两岸四地"的区域经济整合和以大陆省际为代表的区域经济整合的相关性。关于中国区域经济整合的"泛一体化"框架,其从研究对象的界定、适用理论的归类和整理、实证检验方法的梳理等,需要搞清楚三个问题:区域经济整合的效应、区域经济整合实施方式的安排、区域经济整合的外部效应。据此,本书的研究结论是:这三大效应在"泛一体化"的区域经济整合中相互关联,而对这种关联的解说,是必须对每一种效应展开分析。

本书针对"两岸四地"贸易往来的福利效应、产业间一产业内贸易,经济体间的货币一体的主要结论是:(1)"大中国"经济区层次的贸易影响呈现经济体间的差异性。就港澳台而言,在CEPA实施后,与大陆间的贸易往来不但存在着总贸易创造效应,而且获得净贸易创造,但却没有形成净贸易转移。就大陆而言,与港澳台的贸易往来不存在总贸易转移、净贸易转移效应。(2)"大中国"经济区层次存在着很强的产业内贸易关系,区域内贸易的扩大更多地来自于产业内贸易。(3)汇率制度的选择对"大中国"经济区层次的货币一体化结果有重要含义,背离平价条件是以政府的制度安排来支撑的。

本书关于省际产业平均集中率、省际产业中心值、省际工业集聚的区位和政策因素的主要结论是:(1)改革开放以来,大陆省际经济整合(或一体化)水平正在提高,但制造业集聚的省际差异显著。从理论来说,可以认为是政府基于“新古典增长经济学”收敛假说的良好愿望至今没有完全实现。(2)以地区专业化所体现的区域经济整合的结果而论,改革开放以来,大陆各大地区的相对专业化差距有所趋缓,这一结论支持 Chatterji(1992)提出的区域经济整合的“弱”趋同假设,而且可以初步判断,从地区相对专业化角度,大陆省际区域经济整合呈现“俱乐部”收敛趋势。(3)在影响省际工业集聚的区位因素中,沿海和内地的地理位置差异对工业集聚的影响程度显著;在政策因素中,出口导向型的经济发展策略对于工业集聚的推动作用明显,政府对于经济活动的参与程度越高,越不利于地区工业的集聚。

6.2 政策建议

基于上述研究结论,笔者认为政府需要着重在以下几个方面考虑政策的制定和实施:

第一,在“大中国”经济区层次的市场整合中,要认识到“两岸四地”间所存在的产业内贸易关系,对区域内贸易的扩大更多地来自于产业内贸易的情况有所了解,政策的制定和实施要考虑到资本/技术密集型产业和劳动密集型产业的物质规定,要考虑到目前香港与内地构建区域经济一体化的成本较低的事实,在政策制定权分配对象的选择上,尽可能加强在 CEPA 基础上的大陆与香港间的进一步合作。

第二,在涉及货币一体化的进程中,要高度关注汇率制度的选择,背离平价条件要始终能够得到制度的保证。基于汇率有效盯住情形下的相对购买力平价冲击和对真实利息平价的冲击具有相同的效应,基于汇率(管理)浮动情形下的相对购买力平价的冲击和对公开利息平价的冲击具有相同的效应,政府金融政策的制定和实施,是不能在短期内偏离固定汇率的相关制度安排的。也就是说,要在正视固定汇率安排与现实的“大中国”经济区存在极强联系的基础上,利用金融政策来消除这些效应之间有可能出现的损害“泛一体化”下的区域经济整合的因素。

第三,就大陆省际层面的区域市场整合而言,政府有责任通过一揽子宏观政策来改变大陆制造业集聚的省际差异,如通过中央政府的倾斜性产业政策,扶持中部有条件的省份主动吸收、承接东部沿海地区转移的制造业。联系新经济地理学对规模收益递增下的制造业集聚机制的解释,政府还需逐步取消一些不利于大陆省际区域经济整合的各类制度和政策障碍,如限制劳动力和资本跨区域流动的各类显性和隐性的制度和政策等。

第四,基于大陆省际经济间差距在很大程度上是由各地区工业发展的不平衡导致的,而在影响大陆省际工业集聚的各种因素中,地理位置差异是一客观现实,政府要在宏观经济政策,尤其是在产业政策方面予以调控。具体地说,是要研究哪些政策可以消弭地区或现有工业集聚等因素对区域经济整合的影响。例如,可以通过交通基础设施建设和信息化建设弥补地理区位的影响。总之,政府政策的制定和实施要围绕“‘泛一体化”区域经济整合的思路来展开,要充分注意我国目前港澳台及大陆省际的区域经济现状,尽可能做好政策的配套。

6.3 进一步研究的方向

本书将中国两类区域市场整合纳入一个“泛一体化”分析框架进行考察,虽然梳理了相关的机理,并作了相应的实证检验,但不可否认仍存在一些不足之处和值得进一步探讨的问题。

首先,本书对“泛一体化”分析框架的论证没有用较大的篇幅展开,论证的细节也存在这样或那样的问题。虽出于结构的安排考虑,能够在理论评述方面架构出一条大体上对“泛一体化”作出交代的线索,但全文的理论铺垫及解说尚有待加强,有必要进一步展开理论分析以使后续研究更趋严密。

其次,本书在“泛一体化”框架内没有对制度变迁演进机制进行详细的考察。对于像中国这样的发展中大国来说，这是一个不可回避的重要解释变量，实际上，体制的变革、经济活动空间格局的变化都会对区域市场整合产生深刻影响，而这种影响会在产业内贸易、贸易转移、贸易净收入等方面反映出来。当区域经济整合出现不理想的情景时，我们应该对制度的质量问题作出相应的评说。因此，留给笔者继续研究的任务是，通过对现象描述和政策因素的分解，并结合制度变化，间接或直接地考察“泛一体化”背景下的区域经济整合，以便在有可能的情况下进一步展开实证分析。

最后，本书对“大中国”经济区层次和大陆省际层面的区域市场整合的实证检验，是基于国际经济学和新经济地理学分别展开的，没有对彼此间的实证结论的相关性进行详细的辩证考察。对于这一理论难度较大而本人暂时尚无法解决的缺憾，本书曾试图在机理描述方面予以弥补，但由于目前的认知水平有限，只能借助于中国的具体数据进行实证检验。这便导致了另外一个问题，即本书的检验结果只适合中国的情况，并不具有问题研究的一般性。

参考文献

[1] Acemoglu, D., P. Aghion, R. Griffith, and F. Zilibotti. Vertical Integration and Technology: Theory and Evidence. NBER Working Papers, 2004, No. 10997.

[2] Alberto, F. A., and Edward L. Glaeser. Trade and Circuses: Explaining Urban Giants. NBER Working Papers, 1994, No. 4715.

[3] Amdt, W. Sven. Globalization and the Open Economy. North American Journal of Economics and Finance, 1997, 8(1):71-79.

[4] Amiti, M. New Trade Theories and Industrial Location in The EU: A Survey of Evidence. Oxford Review of Policy, 1998, 14 (2):45-53.

[5] Aquino, Antonio. Intra-industry Trade and Inter-industry Specialization as Concurrent Sources of International Trade in Manufactures. Review of World Economics (Weltwirtschaftliches Archiv), 1978, 114(2): 275-296.

[6] Armstrong, H. W. An Appraisal of the Evidence from Cross-sectional Analysis of the Regional Growth Process within the European Union. In Armstrong, H. W., and Vickermand, R. W. (eds.), Convergence and Divergence among European Regions, London: Pion, 1996, 40-64.

[7] Atkinson, A. B. , and Brandolini Andrea. Promise and Pitfalls in the Use of "Secondary" Data-Sets: Income Inequality in OECD Countries as a Case Study. Journal of Economic Literature, 2001, 39(3): 771-799.

[8] Avinash, Dixit, and Joseph Stiglitz. Monopolistic Competition and Optimum Product Diversity. American Economic Review, 1977, 76: 297-308.

[9] Bai, Chong-En, Yingjuan Du, Zhigang Tao, and Sarah Y. Tong. Protection and Regional Specialization: Evidence from China's Industries. Working Paper, 2003.

[10] Balassa, B. The Theory of Economic Integration. Homewood: Irwin, 1961.

[11] Balassa, B. The Theory of Economic Integration. London: Aiion & Unwin, 1962.

[12] Balassa, B. Trade Creation and Trade Diversion in the European Common Market. The Economic Journal, 1967, 77:1-21.

[13] Balassa, B. The Structure of Protection in Developing Countries. Baltimore: Johns Hopkins Press, 1971.

[14] Balassa, B. Trade Creation and Diversion in the European Common Market: an Appraisal of the Evidence. in Balassa, B. (ed.). European Econimic Integration. Amsterdam: North-Holland, New York: Elsevier, 1975:79-118.

[15] Bai, C. , Chong-En, Yingjuan Du, Zhigang Tao, and Sarah Y. Tong. Protection and Regional Specialization: Evidence from China's Industries. Working Paper, Fcb, 2002.

[16] Bai, C. , D. D. Li, Z. Tao, and Y. Wang. A Multi-task Theory of the State Enterprise Reform. Journal of Comparative Economics, 2001.

[17] Barro, R. , and X. Sala-I-Martin. Convergence across States and Regions.

Brookings Paper in Economic Activity, 1991, 1: 107-182.

[18] Barro, R. , and X. Sala-I-Martin. Convergence. Journal of Political Economy, 1992a, 100(2): 223-251.

[19] Barro, R. , and X. Sala-I-Martin. Regional Growth and Migration: A Japan-United States Comparison. Journal of the Japanese and International Economies, 1992b(6): 312-346.

[20] Barrios, S. , and E. Strobl. The Mobility and Geographic Concentration of Industries in Europe. Economics Letters, 2004(82): 71-75.

[21] Barry,Eichengreen, and Alan M. Tayor. The Monetary Consequences of a Free Trade Area of the Americas. NBER Working Papers, 2003, No. 9666.

[22] Batisse, Cecile. Dynamic Externalities and Local Growth-A Panel Data Analysis Applied to Chinese Provinces. China Economic Review, 2002, (13): 231-251.

[23] Batisse, Cecile, and Sandra Poncet. Protectionism and Industry Localization in Chinese Provinces. Journal of Chinese Economic and Business Studies, 2004 ,2: 133-154.

[24] Bayoumi, T. , and B. Eichengreen. Shocking Aspects of European Monetary Unification. CEPR Discussion Papers, 1992, No. 643.

[25] Bayoumi, T. , and B. Eichengreen. One Money or Many? Analysing the Prospects for Monetary Unification in Various Parts of the World. Princeton Studies in International Economics 76, International Economics Section, Departement of Economics Princeton University, 1994.

[26] Bayoumi, T. , and B. Eichengreen. Operationalzing the Theory of Optimum Currency Areas. CEPR Discussion Paper, 1996, No. 1484.

[27] Beason, R. , and D. Weinstein. Growth, Economies of Scale, and Targeting in Japan (1955—1990) . Review of Economics and Statistics, 1996 (May): 286-295.

[28] Blanchard, O. J. , and D. Quah. The Dynamic Effects of Aggregate Demand and Supply Disturbances. American Economic Review, 1989, 79: 655-673.

[29] Brown, T. L. , J. D. Lee, and D. V. McGehee. An Attention-based Model of Driver Performance in Rear-end Collisions. Transportation Research Record, 1992, 1724: 14-20.

[30] Brü lhart, M. Marginal Intra-industry Trade: Measurement and Relevance for the Pattern of Industrial Adjustment. Review of World Economics (Weltwirtschaftliches Archiv), 1994, 127(3): 600-613.

[31] Brülhart, M. , and T. Johan. Regional Integration, Scale Economies and Industry Location in the European Union. CEPR Discussion Paper, 1996, No. 1435.

[32] Caramazza, F. , D. Hostland, and S. Poloz. The Demand for Money and the Monetary Policy Process in Canada. Journal of Policy Modelling, 1990,(12): 387-426.

[33] Chatterji, M. Convergence Clubs and Endogenous Growth. Oxford Review of Economic Policy, 1992, 8: 57-69.

[34] Chen, Aimin. Urbanization and Disparities in China: Challenges of Growth and Development. China Economic Review, 2002, (13): 407-411.

[35] Chung-cheng Lin, Ching-chong Lai. An Application of the Efficiency-Wage Hypothesis to the Modelling of LDC Labour Problems: A Comment. Journal of Economic Development, 1995, (20): 57-65.

[36] Cohen, D. , and Charles Wyplosz. The European Monetary Union: An Agnostic Evaluation. CEPR Discussion Papers, 1989, No. 306.

[37] Cooper, C. A. , and B. F. Massell. A New Look at Customs Union Theory. Economic Journal, 1965a, 75: 742-747.

[38] Cooper, C. A. , and B. F. Massell. Towards a General Theory of

Customs Union for Developing Countries. Journal of Political Economy, 1965b, 73: 461-476.

[39] Corden, W. M. Economies of Scale and Customs Union Theory. Journal of Political Economy, 1972, 80: 465-475.

[40] Corden, Max. Trade Policy and Economic Welfare. Oxford: Clarendon Press, 1974.

[41] Cressie, N. Statistics for Spatial Data. Revised Edition, New York: Wiley, 1993.

[42] Cumby, R. E., and Frederick S. Mishkin. The International Linkage of Real Interest Rates: The European-U. S. Connection. Journal of International Money and Finance, 1986, (5): 5-23.

[43] Cumby, R. E., and Maurice Obstfeld. International Interest Rate and Price Level Linkages under Flexible Exchange Rates: A Review of Recent Evidence. in J. F. O. Bilson and R. C. Marston (editors). Exchange Rate Theory and Practice. University of Chicago Press, Chicago, IL, 1984, 121-151.

[44] Curzon, V. The Essentials of Economic Integration. London: MacMillan, 1974.

[45] Daron, Acemoglu, Simon Johnson, and Todd Mitton. Determinants of Vertical Integration: Finance, Contracts, and Regulation. NBER Working Papers, 2005, No. 11424.

[46] De Grauwe Paul, and Vanhaverbeke Wim. Is Europe an Optimum Currency Area. Evidence from Regional Data. CEPR Discussion Paper, 1991, No. 555.

[47] Démurger, S. Infrastructure Development and Economic Growth: An Explanation for Regional Disparities in China. Journal of Comparative Economics, 2001, (29): 95-117.

[48] Démurger, S., Jeffrey D. Sachs, Wing T. Woo, Shuming Bao, Gene

Chang, and Andrew Mellinger. Geography, Economic Policy, and Regional Development in China. Asia Economic Papers, 2002, 1(1): 146-197.

[49] Dewatripont, M., and E. Maskin. Credit and Efficiency in Centralized and Decentralized Economies. Review of Economic Studies, 1995, 62(4): 541-555.

[50] Dollar, David. Outward-Oriented Developing Economies Really Do Grow More Rapidly: Evidence from 95 LDC's, 1976 — 1985. Economic Development and Cultural Change, 1992, 40 (April): 523-544.

[51] Drysdale, P., and R. Gamaut. Principles of Pacific Economic Integration. Peter Drsdale and Ross Garnaut, eds. Asia Pacific Regionalism. Sydney: Harper Educational, 1994: 48-61.

[52] Edwards Sebastian. Trade Orientation, Distortions, and Growth in Developing Countries. Journal of Development Economics, 1992, 39 (July): 31-57.

[53] Edwards, S. Openness, Productivity, and Growth: What Do We Really Know. Economic Journal, 1998,108(March):383-398.

[54] Eichengreen Barry. Trends and Cycles in Foreign Lending. NBER Working Papers, 1990, No. 3411.

[55] Elliott, Graham, Thomas J. Rothenberg, and James H. Stock. Efficient Tests for an Autoregressive Unit Root. Econometrica, 1996, (64): 813-836.

[56] Elisabetv, M. Agglomeration Economies and Industrial Location: City-level Evidence. Journal of Economic Geography, 2004 (4): 565-582.

[57] Ellison, G., and E. Glaeser. Geographic Concentration in U. S. Manufacturing Industries: A Dartboard Approach. Journal of Political

Economy, 1997(10): 889-927.

[58] Engel C. , and J. H. Rogers. Relative Price Volatility: What Role does Border Play?. Discussion Paper in Economics at the University of Washington, 1998, No. 0061.

[59] Fagerberg, J. , and B. Verspagen. Heading For Divergence? Regional Growth In Europe Reconsidered. Journal of Common Market Studies, 1996, 34: 431-448.

[60] Fan, C. Simon, and Xiangdong Wei. The Law of One Price: Evidence from the Transitional Economy of China. Working Paper of Lingnan University, Hongkong, 2003.

[61] Fernald, John, Hali Edison, and Prakash Loungani. Was China the First Domino? Assessing Links between China and Other Asian Economies. Journal of International Money and Finance, 1999, (18): 515-535.

[62] Fleming J.-M. On Exchange Rate Unification. Economic Journal, 1971, 81.

[63] Francoise, Maurel, and Beatrice Sedillot. A Measure of the Geographic Concentration in French Manufacturing Industries. Regional Science and Urban Economics, 1999,9: 575-604.

[64] Frankel, J. A. Quantifying International Capital Mobility. in D. Bernheim and J. Shoven (editors). National Saving and Economic Performance. Chicago: University of Chicago Press, 1991, 227-260.

[65] Fujita, M. A Monopolistic Competition Model of Spatial Agglomeration: Differentiated Product Approach. Regional Science & Urban Economics, 1988, (18): 87-124.

[66] Fujita, M. , P. R. Krugman, and A. J. Venables. The Spatial Economy. Cambridge, Mass: Massachusetts Institute of Technology Press, 1999.

[67] Fung, K. C. Mainland Chinese Investment in Hong Kong: How

Much, Why and So What. Journal of Asian Business, 1996,12(2): 21-39.

[68] Gasiorek, M. , A. Smith, and Venables. Completing the Internal Market in the EC: Factor Demands and Comparative Advantage(in L. A. Winters and A. J. Venables(eds). European Integration: Trade and Industry). Cambridge: Cambridge University Press, 1991: 9-33.

[69] Geert, Bekaert, Campbell R. Harvey, and Angela Ng. Market Integration and Contagion. NBER Working Papers, 2003, No. 9510.

[70] Giannetti, M. The Effects of Integration on Regional Disparities: Convergence, Divergence or Both? . European Economic Review, Elsevier, March, 2002, 46(3): 539-567.

[71] Gordon, H. Hanson, and Robert C. Feenstra. Intermediaries in Entrepot Trade: Hong Kong Re-exports of Chinese Goods. NBER Working Papers, 2001, No. 8088

[72] Grubel, H. , and P. Lloyd. Intra-Industry Trade. London: MacMillan, 1975.

[73] Hanson, G. H. Localization Economies, Vertical Organization, and Trade. American Economic Review, 1996, 86: 1226-1278.

[74] Hanson, G. H. Foreign Direct Investment and Relative Wages: Evidence from Mexico's Maquiladoras. Journal of International Economics, 1997, 42: 371-394.

[75] Hanson, G. H. Regional Adjustment to Trade Liberalization. Regional Science and Urban Economics, 1998, 28: 419-444.

[76] Ha, Jiming, and F. Kelvin. Price Convergence between Hong Kong and the Mainland. Research Memorandum, Hong Kong Monetary Authority, 2002, 8.

[77] Harberler, G. The International Monetary System: Some Recent

Developments and Discussions. Princeton University Press, 1970.

[78] Harding, H. The Concept of "Greater China": Themes, Variations and Reservations. The China Quarterly, Special Issue: Greater China, 1993, 136: 660-686.

[79] Helpman, E., and P. Krugman. Market Structure and Foreign Trade: Increasing Returns, Imperfect Competition and the International Economy. Cambridge Mass., MIT Press, 1985.

[80] Helpman, E., and P. Krugman. Trade Policy and Market Structure. Cambridge, MA: MIT Press, 1989.

[81] Henderson, J. V. The Sizes and Types of Cities. American Economic Review, 1974,(64): 640-656.

[82] Henderson, J. V. Externalities and Industrial Development. Journal of Urban Economics, 1997, (42): 449-470.

[83] Hoxby, Caroline Minter. Is There an Equity-Efficiency Trade-off in School Finance? Tiebout and a Theory of the Local Public Goods Producer. NBER Working Papers, 1995, No. 5265.

[84] Hu Dapeng. Trade, Rural-urban Migration, and Regional Income Disparity in Developing Countries: A Spatial General Equilibrium Model Inspired by the Case of China. Regional Science and Urban Economics, 2002, 32: 311-338.

[85] Hufbauer, G. C., and J. J. Schott. NAFTA: An Assessment (rev. ed.). Washington. DC: Institute for International Economics, 1993.

[86] Imada, P. Evaluating. Economic Development. in: Developing Countries. Ann, Arbor: UMI, 1990.

[87] Imada, P. Production and Trade Effects of an ASEAN Free Trade Area. Developing Economies, 1993, 31(1): 3-23.

[88] Ishiyama, Y. The Theory of Optimum Currency Areas: A Survey. IMF Staff Papers, 1975(22): 344-383.

[89] Johnson, H. G. An Economic Theory of Protectionism, Tariff Bargaining, and the Formation of Customs Union. Journal of Political Economy, 1965a, 73: 256-283.

[90] Johnson, H. G. Optimal Trade Intervention in the Presence of Domestic Distortions in Baldwin et al. , Trade Growth and the Balance of Payments. Chicago, Rand McNally, 1965b: 3-34.

[91] Kanbur, Ravi, and Xiaobo Zhang. Fifty Years of Regional Inequality in China: a Journey through Central Planning, Reform and Openness. Review of Development Economics, 2005, (9): 87-106.

[92] Kemp, M. , and H. Wan. A Contribution to the General Equilibrium Theory of Preferential Trading. Amsterdam: North Holland, 1969.

[93] Kemp, M. , and H. Wan. An Elementary Proposition Concerning the Formation of Customs Unions. Journal of International Economics, 1976, 6: 95-97.

[94] Kendall, M. The Analysis of Economic Time-Series, Part I: Prices. Journal of the Royal Statistical Society, 1953(96): 11-25.

[95] Kenen, P. B. The Theory of Optimum Currency Areas: an Eclectic View. in Mundell R. A. and Swoboda A. eds. Monetary Problems of the International Economy, Chicago: University of Chicago Press, 1969: 41-60.

[96] Kim, S. Expansion of Markets and the Geographic Distribution of Economic Activities: the Trends in U. S. Regional Manufacturing Structure. Quarterly Journal of Economics, 1995(110): 881-908.

[97] Klein, L. , and D. Salvatore. Welfare Effects of NAFTA. Journal of Policy Modeling, 1995, 17 (2), April: 163-176.

[98] Knetter, M. Michael, and J. Slaughter Matthew. Measuring Market-Product Integration. NBER Working Papers, 1999, No. 6969.

[99] Knight, J. , Li Shi, and Renwei Zhao. Divergent Means and

Convergent Inequality of Incomes among the Provinces and Cities of Urban China. UNU/WIDER Research Paper, 2004, No. 52.

[100] Krugman, P. et al. Strategic Trade Policy and the New International Economics. Cambridge, Mass. , MIT Press, 1986.

[101] Krugman, P. Increasing Returns and Economic Geography. NBER Working Papesr, 1990, No. 3275.

[102] Krugman, P. Increasing Return and Economic Geography. Journal of Political Economy, 1991, 99: 483-499.

[103] Krugman, P. The Lessons of Massachusetts for EMU(in F. Torres &F. Giavazzi (ed.). Adjustment and Growth in the European Monetary Union). Cambridge University Press, 1993.

[104] Krugman, P. , and L. Elizondo. Trade Policy and the Third World Metropolis. Journal of Development Economics, 1996, 49: 137-150.

[105] Krugman, P. , and E. R. Livas. Trade Policy and the Third World Metropolis. NBER Working Papers, 1992, No. 4238.

[106] Krugman, P. , and A. Venables. Integration, Specialization and Adjustment. NBER Working Papers, 1993, No. 4559.

[107] Langhammer, R. J. Towards Regional Entities in Asia-Pacific: the Role of Japanese Foreign Investment In Service Industries. ASEAN Economic Bulletin, 1991, 7: 277-289.

[108] Lawrence, Robert Z. Japan's Different Trade Regime: an Analysis with Particular Reference to Keiretsu. Journal of Economic Perspectives, 1993,7 (3): 3-19.

[109] Lipsey, R. G. The Theory of Customs Unions: Trade Diversion and Welfare. Economica , 1957, 24: 40-46.

[110] Lipsey, R. G. , and K. J. Lancaster. The General Theory of Second Best. Review of Economic Studies, 1956-7, 24: 11-32.

[111] Lipsey, R. G. The Theory of Customs Unions: A General Survey.

Economic Journal, 1960, 70: 496-513.

[112] Lu, Ming, and Zhao Chen. Urbanization, Urban-biased Policies and Urban-Rural Inequality in China: 1987-2001. Chinese Economy, 2006, 39(3): 42-63.

[113] Luis, A. Rivera, and Paul M. Romer. Economic Integration and Endogenous Growth. NBER Working Papers, 1990, No. 3528.

[114] Ma, Jun. China's Economic Reform in the 1990s. International Monetary Fund, Washington, D. C., 1997.

[115] Ma, Jun. Quantifying the Effect of China's WTO Entry. Global Markets Research, Hong Kong: DeutscheBank, December, 2001.

[116] Machlup, F. A History of Thought on Economic Integration. London: Macmillan, 1977.

[117] Maddala, G. S., and Shaowen Wu. Comparative Study of Unit Root Tests with Panel Data and a New Simple Test. Oxford Bulletin of Economics and Statistics, 1999, 61: 631-652.

[118] Magrini, S. The Evolution of Income Disparities among the Regions of the European Union. Regional Science and Urban Economics, 1999, 29: 257-281.

[119] Mark, Nelson. Some Evidence on the International Inequality of Real Interest Rates. Journal of International Money and Finance, 1985, (4): 189-208.

[120] Maurel, F., and B. A. Sedillot. Measure of the Geographic Concentration In French Manufacturing Industries. Regional Science and Urban Economics, 1999, 29(5): 575-604.

[121] McKinnon, Ronald. Optimum Currency Areas. American Economic Review, 1963(53): 207-222.

[122] Meade, J. E. Problems of Economic Union. London: Allen & Unwin, 1953.

[123] Meade, J. E. The Theory of Customs Unions. Amsterdam, North-Holland, 1955.

[124] Midelfart, K. H., H. G. Knarvik, S. J. Redding, and A. J. Venables. The Location of European Industry. Report for European Commission, 2000.

[125] Mishkin, S. Frederick. Are Real Interest Rates Equal across Countries? an Empirical Investigation of International Parity Conditions. Journal of Finance, 1984, (39): 1345-1357.

[126] Mundell, R. The Theory of Optimum Currency Area. American Economic Review, 1961, 51 (September): 657-665.

[127] Naudé, W. A., and W. F. Krugell. Are South African Cities too Small?. The International Journal of Urban Policy and Planning, 2003, 20(3): 175-180.

[128] Naughton, B. The China Circle: Economics and Technology in the PRC, Taiwan and Hong Kong. Brookings Institution: Washington, D. C., 1997.

[129] Naughton, B. How Much Can Regional Integration do to Unify China's Market?. Paper Presented for the Conference for Research on Economic Development and Policy Research, Stanford University, 1999.

[130] Neven, D., and C. Gouyette. Regional Convergence in the European Community. Journal of Common Market Studies, 1995, 33: 47-65.

[131] Noland, Marcus, LiGang Liu, Sherman Robinson, and Zhi Wang. Global Economic Effects of the Asian Currency Devaluations. Policy Analyses in International Economics 56. Washington, D. C.: Institute for International Economics, 1998.

[132] North, C. Douglass, and Robert P. Thomas. The Rise of the West World: A New Economic History. Cambridge University Press,

1973.（中译本《西方世界的兴起》,华夏出版社 1999 年版。）

[133] Parsley，C. David，and Shang-Jin Wei. Convergence to the Law of One Price without Trade Barriers of Currency Fluctuations. Quarterly Journal of Economics，1996，(111)：1211-1236.

[134] Parsley，C. David，and Shang-Jin Wei. Explaining the Border Effect：The Role of Exchange Rate Variability，Shipping Cost，and Geography. NBER Working Papers，2000，No. 7836.

[135] Parsley，C. David，and Shang-Jin Wei. Limiting Currency Volatility to Stimulate Goods Market Integration：A Price Based Approach. NBER Working Papers，2001，No. 8468.

[136] Peltzman，Sam. The Political Economy of the Decline of American Public Education. Journal of Law and Economics，1993，36(1-2)：331-370.

[137] Peltzman，Sam. Political Economy of Public Education：Non-College Bound Students. Journal of Law and Economics，1996，39(1)：73-120.

[138] Pernia，E. M.，and P. F. Quising. Trade Openness and Regional Development in a Developing Country. Annals of Regional Science，2003，37(3)：391-407.

[139] Pinelopi，Koujianou Goldberg，and Frank Verboven. Market Integration and Convergence to the Law of One Price：Evidence from the European Car Market. NBER Working Papers，2001，No. 8402.

[140] Poncet，Sandra. Measuring Chinese Domestic and International Integration . China Economic Review，2003，14(1)：1-21.

[141] Qian，Y.，G. Roland，and C. Xu. Coordinating Changes in M-Form and U-Form Organizations. Mimeo，European Center for Advanced Research in Economics and Statistics，Universite Libre de Bruxelles，1988.

[142] Qian, Y., G. Roland, and C. Xu. Why China's Different from Eastern Europe? Perspectives from Organization Theory. European Economic Review, 1999, 43(4-6): 1085-1094.

[143] Qian, Y., and Barry R. Weingast. Federalism as a Commitment to Preserving Market Incentives. Journal of Economic Perspectives, 1997, 11(4): 83-92.

[144] Qian, Y., and Gérard Roland. Federalism and the Soft Budget Constraint. American Economic Review, 1998, 88(5): 1143-1162.

[145] Raymond, Fisman, Shang-Jin Wei, Tax Rates, and Tax Evasion: Evidence from "Missing Imports" in China. NBER Working Papers, 2001, No. 8551.

[146] Redding, Stephen. Dynamic Comparative Advantage and Welfare Effects of Trade. Oxford Economic Papers, 1999, 51, 15-39.

[147] Rivera-Batiz, L., and P. Romer. Economic Integration and Endogenous Growth. Quarterly Journal of Economics, 1991a, 106: 531-555.

[148] Rivera-Batiz, L., and P. Romer. International Trade with Endogenous Technological Change. NBER Working Papers, 1991b, No. 3594.

[149] Robson, P. The Economics of Integration. London: Unwin Hyman Ltd., 1989, 1.

[150] Romain, Wacziarg, and Karen Horn Welch. Trade Liberalization and Growth: New Evidence. NBER Working Papers, 2003, No. 10152.

[151] Rosenthal, Stuart S., and C. William. The Determinants of Agglomeration. Journal of Urban Economics, 2001, 50 (2): 191-229.

[152] Sachs, J., and X. Sala-I-Martin. Fiscal Federatism and Optimum Currency Areas: Evidence for Europe from the U. S.. NBER

Working Papers,1991, No. 3855.

[153] Sachs, J. , and A. Warner. Economic Reform and the Process of Global Integration. Brookings Paper on Economic Activity, 1995, 1: 1-95.

[154] Samuelson, Pau. Theoretical Note on Trade Problem. Review of Economic and Statistics, 1954, (46): 145-164.

[155] Shellekens, Philip. Deflation in Hong Kong, SAR. People's Republic of China — Hong Kong Special Administrative Region: Selected Issues, IMF Country Report (IMF: Washington, DC, May), 2002, 99.

[156] Shoup,C. S. Taxation Aspects of Economic Integration. Travaux de I'Institut International de Finances Publiques, Ninth session. The Hague: Stockum; Reprinted in Abridgement in P. Robson(ed.), International Economic Integration. Harmondsworth: Penguin, 1953, 197-218.

[157] Sjoberg, O. , and F. Sjoholm. Trade Liberalization and the Geography of Production: Agglomeration, Concentration and Dispersal in Indonesia's Manufacturing Industry. Economic Geography, 2004(80): 287-310.

[158] Smith, A. , and A. Venables. Completing the Internal Market in the EC: Some Industry Simulations. European Economic Review, 1988a, 32: 1501-1525.

[159] Smith, A. , and A. Venables. The Cost of Non-Europe: An Assessment Based on A Formal Model of Imperfect Competition and Economies of Scale. in CEC, Studies on the Economics of Integration, Luxembourg: CEC, 1988, 2.

[160] Srinivasan, T. N. , and J. Bhagwati. Outward-Orientation and Development: Are Revisionists Right. Economic Growth Center Discussion Paper 806, Yale University, 1999.

[161] Tiebout, Charles. A Pure Theory of Local Expenditures. Journal of Political Economy, 1956, (64): 416-426.

[162] Taylor, S. J. Habitat Preferences, Species Assemblages, and Resource Partitioning by Gerromorpha (Insecta: Heteroptera) in Southern Illinois, with A Faunal List and Keys to Species of the State. Ph. D. Dissertation, Southern Illinois University at Carbondale, Carbondale, xviii, 1996, 345.

[163] Tinbergen, J. Customs Unions: Influence of their Size on their Effect. Zeitschrift der Gesamien Staatswissenschaft, 1957, 113: 404-414.

[164] Tinbeergen, J. International Economic Integration (2nd edition). Amsterdam: Elsevier, 1965.

[165] Thomas, Hertel, David Hummels, Maros Ivanic, and Roman Keeney. How Confident Can We be in CGE-based Assessments of Free Trade Agreements?. NBER Working Papers, 2004, No. 10477.

[166] USITC. Synthetic Organic Chemicals, United States Production and Sales, 1991. USITC Publication No. 2607, Washington, D. C.: U. S. Government Printing Office, 1993.

[167] Viner, J. The Customs union Issue. New York: Carnegie Endowment for International Peace, 1950.

[168] Wan, Guanghua, Ming Lu, and Zhao Chen. Income Inequility in Rural China: Regressing-Based Decomposition Using Household Data. Review of Development Economics, 2004, (9): 107-120.

[169] Wang, Zhi. The Impact of China's WTO Accession on Patterns of World Trade. Paper presented at ASSA Annual Meeting in Atlanta Georgia(January 4-6, 2002), 2001.

[170] Wen, Mei. Relocation and Agglomeration of Chinese Industry. Journal of Development Economics, 2004, (73): 329-347.

[171] Wei, Shang-Jin, and Jeffrey Frankel. A "Greater China" Trade

Bloc?. China Economic Review, 1994, (5): 179-190.

[172] Wei, Shang-Jin, Ligang Liu, Zhi Wang, and Wing T. Woo. The China Money Puzzle: Will Devaluation of the Yuan Help or Hurt the Hong Kong Dollar. China Economic Review, 2000, (11): 171-188.

[173] Wu, Laping. Integration of China's Major Agricultural Product Markets. Paper presented to the 3rd International Conference on Chinese Economy, France: CERDI, Clermont-Ferrand, 2001.

[174] Xie, Duo. Analysis of the Development of China's Money Market. China and the World Economy, 2002, (10): 29-37.

[175] Xu, Xinpeng. Have the Chinese Provinces Become Integrated under Reform. China Economic Review, 2002, (13): 116-133.

[176] Yang, Dennis Tao. Urban-Biased Policies and Rising Income Inequality in China. American Economic Review Papers and Proceedings, 1999, (5): 306-310.

[177] Yao, S. On Regional Inequality and Diverging Club: A Case Study of Contemporary China. Journal of Comparative Economics, 2001, (29): 466-484.

[178] Yin-wong Cheung, Menzie D. Chinn, and Eiji Fujii. The Chinese Economies in Global Context: the Integration Process and its Determinants. NBER Working Papers, 2003a, No. 10047.

[179] Yin-wong Cheung, Menzie D. Chinn, and Eiji Fujii. China, Hong Kong, and Taiwan: A Quantitative Assessment of Real and Financial Integration. China Economic Review, 2003b, Vol. 14(3): 281-303.

[180] Yin-wong Cheung, Menzie D. Chinn, and Eiji Fujii. The Illusion of Precision and the Role of the Renminbi in Regional Integration. Hong Kong Institute for Monetary Research, Working Papers, 2006, No. 182006.

[181] Young, Alwyn. The Razor's Edge: Distortions and Incremental Reform in the People's Republic of China. Quarterly Journal of Economics, 2000, 115(4): 1091-1135.

[182] Zhang, T., and H. Zou. Fiscal Decentralization, Public Spending, and Economic Growth in China. Journal of Public Economics, 1998, (67): 221-240.

[183] Zhang, Xiaobo, and Kevin H. Zhang. How does Globalization Affect Regional Inequality within a Developing Country? Evidence from China. Journal of Development Studies, 2003, 39(4): 47-67.

[184] Zhang, Z., A. Liu, and S. Yao. Convergence of China's Regional Income: 1952—1997. China Economic Review, 2001, (12): 243-258.

[185] Cécile Batisse. 专门化、多样化和中国地区工业产业增长的关系. 世界经济文汇,2002,(4): 49－62.

[186] 白重恩,杜颖娟,陶志刚,仝月婷. 地方保护主义及产业地区集中度的决定因素和变动趋势. 经济研究,2004,(4): 29－40.

[187] 彼得·林德特,查尔斯·金德尔伯格. 国际经济学. 上海:上海译文出版社,1985: 191－204.

[188] 陈广汉. 论中国内地与港澳地区经贸关系的演进与转变. 学术研究,2006,(2): 61－67.

[189] 丁维莉,陆铭. 教育的公平与效率是鱼和熊掌吗——基础教育财政的一般均衡分析. 中国社会科学, 2005,(6): 47－57.

[190] 范剑勇. 市场一体化、地区专业化与产业集聚趋势——兼谈对地区差距的影响. 中国社会科学,2004,(6): 39－51.

[191] 范剑勇,朱国林. 中国地区差距演变及其结构分解. 管理世界,2002,(7):37－44.

[192] 桂琦寒,陈敏,陆铭,陈钊. 中国国内商品市场趋于分割还是整合?——基于相对价格法的分析. 世界经济,2006,(2): 20－30.

[193] 黄晓东. 两岸四地建立中元区的可行性研究——基于 OCA 指数的分

析. 国际贸易问题,2006,(4):117－122.

[194] 靳超,冷燕华. 内地和香港的最优货币区实证研究——一种不同的VAR方法. 首都经济贸易大学学报,2004,(6):54－57.

[195] 金煜,陈钊,陆铭. 中国的地区工业集聚:经济地理、新经济地理与经济政策. 经济研究,2006,(4): 79－89.

[196] 柯武刚,史漫飞. 制度经济学——社会秩序与公共政策. 北京:商务印书馆,1992:144.

[197] 陆铭,陈钊. 城市化、城市倾向的经济政策与城乡收入差距. 经济研究,2004, (6): 50－58.

[198] 陆铭,陈钊. 中国区域经济发展中的市场整合与工业集聚. 上海:上海三联书店,上海人民出版社,2006.

[199] 陆铭,陈钊,万广华. 因患寡,而患不均:中国的收入差距、投资、教育和增长的相互影响. 经济研究,2005,(12):4－14.

[200] 陆铭,陈钊,严冀. 收益递增、发展战略与区域经济的分割. 经济研究,2004,(1): 54－63.

[201] 李心丹,刘瑛,刘铁军. 中国内地和香港能否构成最优货币区研究——来自实证结果的分析. 复旦学报(社会科学版),2003,(5):18－25.

[202] 林毅夫. 发展战略、自生能力和经济收敛. 经济学(季刊), 2002,1(2): 269－300 页.

[203] 林毅夫,刘培林. 中国的经济发展战略与地区收入差距. 经济研究,2003,(3):19－25.

[204] 罗勇,曹丽莉. 中国制造业集聚程度变动趋势实证研究. 经济研究,2005, (8): 106－115,127.

[205] 马栓友,于红霞. 转移支付与地区经济收敛. 经济研究,2003, (3):26－33.

[206] 皮建才. 中国地方政府间竞争下的区域市场整合. 经济研究,2008,(3):115－124.

[207] Poncet, Sandra. 中国市场正在走向"非一体化"? ——中国国内和国际市场一体化程度的比较分析. 世界经济文汇, 2002, (1): 3－17.

[208] 乔彬、李国平,杨妮妮. 产业聚集测度方法的演变和新发展. 数量经济技术经济研究,2007,(4):124—133.

[209] 沈立人,戴园晨. 我国"诸侯经济"的形成及其弊端和根源. 经济研究,1990,(3):12—19.

[210] 孙兆慧,王建民. 两岸经济合作:机制与模式探讨. 国际经济合作,2006,(10):25—28.

[211] 陶一桃. CEPA 的制度经济学分析. 学术月刊,2005,(7):47—51.

[212] 万广华,陆铭,陈钊. 全球化与地区间收入差距:来自中国的证据. 中国社会科学,2005,(3):17—26.

[213] 万志宏,戴金平. 货币区的动态最优决策:兼谈东亚货币合作问题. 世界经济,2003,(10):10—16.

[214] 王红霞. 建立中华自由贸易区的可行性及框架安排研究. 对外经济贸易大学博士论文,2003.

[215] 王永钦,张晏,章元等. 中国的大国发展道路——论分权式改革的得失. 经济研究,2007,(1):4—16.

[216] 魏后凯. 外商直接投资对中国区域经济增长的影响. 经济研究,2002,(4):19—26.

[217] 武剑. 外商直接投资的区域分布及其经济增长效应. 经济研究,2002,(4):27—35.

[218] 杨开忠. 中国区域经济差异的变动研究. 经济研究,1994,(12):19—33.

[219] 杨其静. 保护市场的联邦主义及其批判. 经济研究,2008,(3):99—114.

[220] 叶舜赞,顾朝林,牛亚菲. 一国两制模式的区域一体化研究. 北京:科学出版社,1999.

[221] 喻闻,黄季焜. 从大米市场整合程度看我国粮食市场改革. 经济研究,1998,(3):50—57.

[222] 张向前,黄种杰. 入世后两岸四地人才资源投入产出模型理论分析. 工业技术经济,2003,(5):79—82.

[223] 张晏,龚六堂. 分税制改革、财政分权与中国经济增长. 经济学(季

刊),2006,5,(1):75—108.

[224] 赵伟,程艳. 一体化经济学:近期拓展及其对研究中国区际经济整合的适用性. 浙江社会科学,2006a,(5):3—9.

[225] 赵伟. 中国区域经济开放:多层次多视点的考察. 社会科学战线,2006b,(6):57—63.

[226] 郑毓盛,李崇高. 中国地方分割的效率损失. 中国社会科学,2003,(1):64—72.

[227] 郑竹园. 中国大陆经济发展经验. 载:华人地区发展经验与中国前途,台湾政治大学国际关系研究中心,1988..

[228] 周章跃,万广华. 论市场整合研究方法——兼评喻闻、黄季焜"从大米市场整合程度看我国粮食市场改革"一文. 经济研究,1999,(3):73—79.

[229] 朱孟楠,陈硕. "中元区"的构建:现实可行性及前景展望. 厦门大学学报(哲学社会科学版),2004,(40):99—106.

[230] 朱希伟,金祥荣. 国内市场分割与中国的出口贸易扩张. 经济研究,2005,(12):68—76.

后 记

江南仲夏时，本书终于能够完稿付梓了。回顾求是园中经历的往事，首当提及我的博士生导师赵伟教授。赵老师深厚的经济史功底、敏锐的学术感知，以及对国际经济学和区域经济学理论透彻而全面的把握，指引着我一路前行。本书是在我的博士论文基础上修改定稿的，从论文的选题、文献的选读，到写作框架的制定，每一章节的写作，赵老师都严格要求，一丝不苟，这种严谨治学的态度感染和熏陶着我们周边的青年学人。

感谢浙江大学经济学院的老师们，他们是史晋川教授、姚先国教授、金祥荣教授、金雪军教授、张旭昆教授、顾国达教授、肖文教授、蒋岳祥教授、汪斌教授、沈瑶教授、黄先海教授、朱希伟博士，从论文的开题答辩、预答辩至答辩，从论文视角的调整，到结构的安排，甚至到计量模型的构造和数据的收集，他们都提出了具体而宝贵的意见。感谢浙江工商大学的何大安教授，他对我学术感知上的提领与影响是巨大的。感谢我的硕士生导师曹旭华教授，是他鼓励并推荐我到浙大进一步深造。感谢浙江大学出版社的田华老师，她辛勤的编辑工作是本书得以按时出版的保障，她的热情给这个夏日留下了美好的回忆。

求是园中收获的另一笔宝贵财富即是我的同门学友。Seminar 上的交流和争论中闪现的思想火花，面对困难时彼此帮助的协作精神，这些都凝聚在记忆深处，成为再聚时品味的念想。他们是严浩坤、秦政强、吕盛行、管汉晖、李芬、徐朝晖、何元庆、马征、杨会臣、汪全立、古广东、马瑞永、何莉、李淑贞、陈愉瑜、普雁祥、赵晓霞、江东、陈文芝、张秋伊、张萃、向永辉、李世兰、张研云、孙琳，祝愿他们在今后的学习和工作中能取得更大的进步。

父母一如既往的无私付出，先生在物质和精神上的全力支持，给了我在经济学殿堂自由探索的充裕空间，这在快节奏的现代生活中是弥足珍贵的。不得不提的是我的一韦，他从生命开始的那一刻起，就感受着妈妈撰写此书的全部过程。谨以此文，寄托对一韦的所有期望。

程 艳

2010 年 7 月于浙西小城

图书在版编目(CIP)数据

中国区域经济整合:泛一体化视野的分析 / 程艳著.
—杭州:浙江大学出版社,2010. 12
ISBN 978-7-308-08240-2

Ⅰ.①中… Ⅱ.①程… Ⅲ.①地区经济—经济发展—研究—中国 Ⅳ.①F127

中国版本图书馆 CIP 数据核字(2010)第 236299 号

中国区域经济整合:泛一体化视野的分析

程 艳 著

责任编辑 田 华
封面设计 刘依群
出版发行 浙江大学出版社
(杭州市天目山路 148 号 邮政编码 310007)
(网址:http://www.zjupress.com)
排　　版 杭州求是图文制作有限公司
印　　刷 临安市曙光印务有限公司
开　　本 710mm×1000mm 1/16
印　　张 10.5
字　　数 160 千字
版 印 次 2010 年 12 月第 1 版 2010 年 12 月第 1 次印刷
书　　号 ISBN 978-7-308-08240-2
定　　价 25.00 元

浙江大学出版社发行部邮购电话 (0571)88925591